NAZARETH
Essencial

Nº Cat.: 308-A

Irmãos Vitale Editores Ltda.
vitale.com.br
Rua Raposo Tavares, 85 São Paulo SP
CEP: 04704-110 editora@vitale.com.br Tel.: 11 5081-9499

© Copyright 2004 by Irmãos Vitale Editores Ltda. - São Paulo - Rio de Janeiro - Brasil.
Todos os direitos autorais reservados para todos os países. *All rights reserved*.

CIP-BRASIL CATALOGAÇÃO NA FONTE
SINDICATO NACIONAL DOS EDITORES DE LIVROS, RJ

N247n

Nazareth, Ernesto, 1863 - 1934
Nazareth Essencial
/ Ernesto Nazareth - São Paulo : Irmãos Vitale
música :

ISBN 85-7407-182-X
ISBN 978-85-7407-182-4

1 - Nazareth, Ernesto, 1863 - 1934
2 - Música para piano
3 - Partituras

I - Título

04-0800

CDD-786.21
CDU-786.2

13.03.04   26.03.04   005986

créditos

capa

Marcia Fialho

layout, editoração eletrônica e musical

Ulisses de Castro

revisão musical

Claudio Hodnik

produção executiva

Fernando Vitale

índice

Prefácio		5
Adieu	romance sem palavras	9
Ameno Resedá	polka	14
Apanhei-te Cavaquinho	choro	17
Atrevido	tango	20
Bambino	tango	23
Batuque	tango característico	26
Brejeiro	tango	33
Carioca	tango	37
Confidencias	valsa	41
Coração que sente	valsa	46
Cutuba	tango	50
Duvidoso	tango	54
Epônina	valsa	57
Escorregando	tango brasileiro	61
Escovado	tango	64
Espalhafatoso	tango	68
Expansiva	valsa	71
Faceira	valsa [póstuma]	76
Favorito	tango	79
Feitiço	tango	82
Fon-fon	tango	85
Garoto	tango	88
Insuperável	tango	91
Labirinto	tango	94
Nenê	tango	97
Noêmia	valsa	101
Nove de Julho	tango argentino	108
Odeon	tango brasileiro	111
Perigoso	tango	114
Remando	tango	117

Ernesto Nazareth

Ernesto Nazareth

prefácio

Ernesto Nazareth: "A verdadeira encarnação da alma brasileira". Era assim que o Maestro Villa-Lobos, o maior músico das Américas do Século XX, se referia ao grande pianista. Por influência do próprio Maestro, o músico francês Darius Milhaud, que conviveu conosco de 1917 e 1919, teve contato com a genialidade de Nazareth e relatou suas impressões desta maneira: "Os ritmos dessa música popular me intrigavam e me fascinavam. Havia, na síncopa, uma imperceptível suspensão, uma respiração molenga, uma sutil parada, que me era muito difícil captar. Comprei então uma grande quantidade de Maxixes e de Tangos, esforcei-me por tocá-los com suas síncopas, que passavam de mão para a outra. Meus esforços foram recompensados, e pude, enfim, exprimir e analisar esse "pequeno nada", tão tipicamente brasileiro. Um dos melhores compositores de música desse gênero, Nazareth, tocava piano na entrada de um cinema da Avenida Rio Branco. Seu modo de tocar, fluido, inapreensível e triste, ajudou-me, igualmente, a melhor conhecer a alma brasileira".

Nascido em 20 de março de 1863 no Rio de Janeiro, Ernesto Nazareth começou a tocar piano muito cedo tendo como professores a própria mãe e, em seguida, Eduardo Madeira e Lucien Lambert. Contemporâneo de músicos como Joaquim Antonio da Silva Callado, Chiquinha Gonzaga, Zequinha Abreu, Anacleto de Medeiros, João Pernambuco e o próprio Villa-Lobos, Nazareth teve sua formação musical efetivada numa época em que a música brasileira estava estabelecendo sua identidade própria, pois havia uma pasteurização dos ritmos importados da Europa, ou seja, uma releitura, uma maneira de tocar diferente que, juntamente com a contribuição da cultura africana, permitiu a formação da verdadeira música popular brasileira.

Músico profissional desde 1879, Ernesto Nazareth tocava em salões de hotéis e salas de espera de cinemas da cidade, ministrava aulas de piano e começava a sua produção enquanto compositor. Em 1893 compôs seu primeiro grande sucesso, o tango "Brejeiro", inaugurando assim o gênero "tango brasileiro", o qual dominou com maestria inigualável.

Ernesto Nazareth

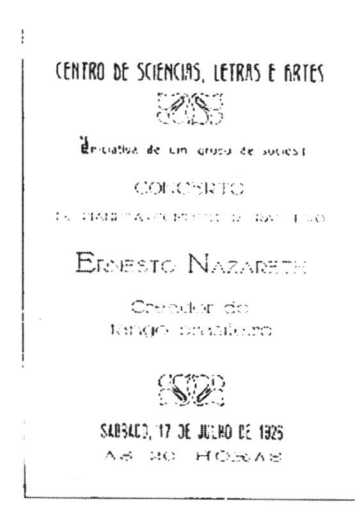

Por volta de 1910, Nazareth foi contratado como pianista por um cinema que se localizava a menos de trinta metros de sua residência, virando a grande atração da casa. Pessoas ilustres como Ruy Barbosa eram seus admiradores. Em homenagem ao seu lugar de trabalho compôs um tango com o mesmo nome do Cine Odeon, uma das mais famosas e executadas obras do compositor.

Em 1919 começou a trabalhar na Casa Carlos Gomes, interpretando ao piano partituras solicitadas por clientes interessados em comprá-las.

Mario de Andrade, reconhecendo o valor da obra de Nazareth, realizou uma conferência sobre esse tema na Sociedade de Cultura Artística em 1926, com a presença do autor. Nos anos seguintes realizou alguns concertos e gravações de suas obras e, em 1932, com quase 70 anos de idade, apresentou-se num concerto no Rio Grande do Sul, a convite de amigos e admiradores locais.

Porém, o que a vida artística lhe proporcionou a vida pessoal castigou-lhe a alma, pois já com 10 anos de idade viu-se órfão de mãe e, em 1917, perdeu sua filha Maria de Lourdes, fruto do casamento com Teodora Amália de Meireles.

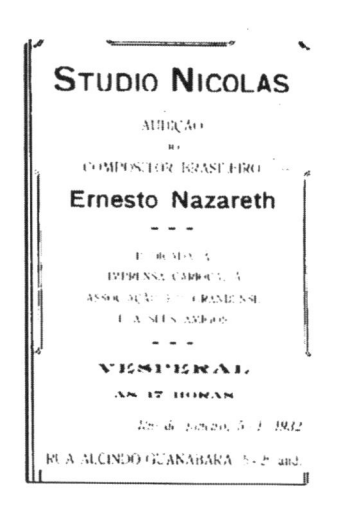

O destino foi-lhe sendo amargo aos poucos e deixou profundas feridas em seu coração. Por volta de 1927 começou a sentir os primeiros sintomas de surdez e dois anos depois perdeu sua esposa Dora. Tanto sofrimento acabou por lhe causar problemas mentais, os quais se agravaram culminando em sua internação na Colônia de Psicopatas Juliano Moreira em Jacarepaguá. No dia 1º de fevereiro de 1934 fugiu da clínica e, três dias depois, foi encontrado morto, vítima de afogamento.

A obra de Ernesto Nazareth tem a magia dos grandes gênios da humanidade, pois une dois pólos da música ocidental, o popular e o chamado erudito. Se Eudóxia de Barros e Artur Moreira Lima gravam e executam suas obras nas mais renomadas salas de audição do Brasil e do exterior, o mesmo também ocorre com estudantes de música e em qualquer roda de choro ou de boa música brasileira existentes nas cidades brasileiras. Foi assim que os clássicos Odeon, Brejeiro, Apanhei-te Cavaquinho, Confidências, Escorregando, Escovado e vários outros se perpetuaram em nossa cultura musical.

Claudio Hodnik

NAZARETH
Essencial

Ernesto Nazareth

ao meu amigo Virgílio Silvares

Adieu

Romance sem palavras

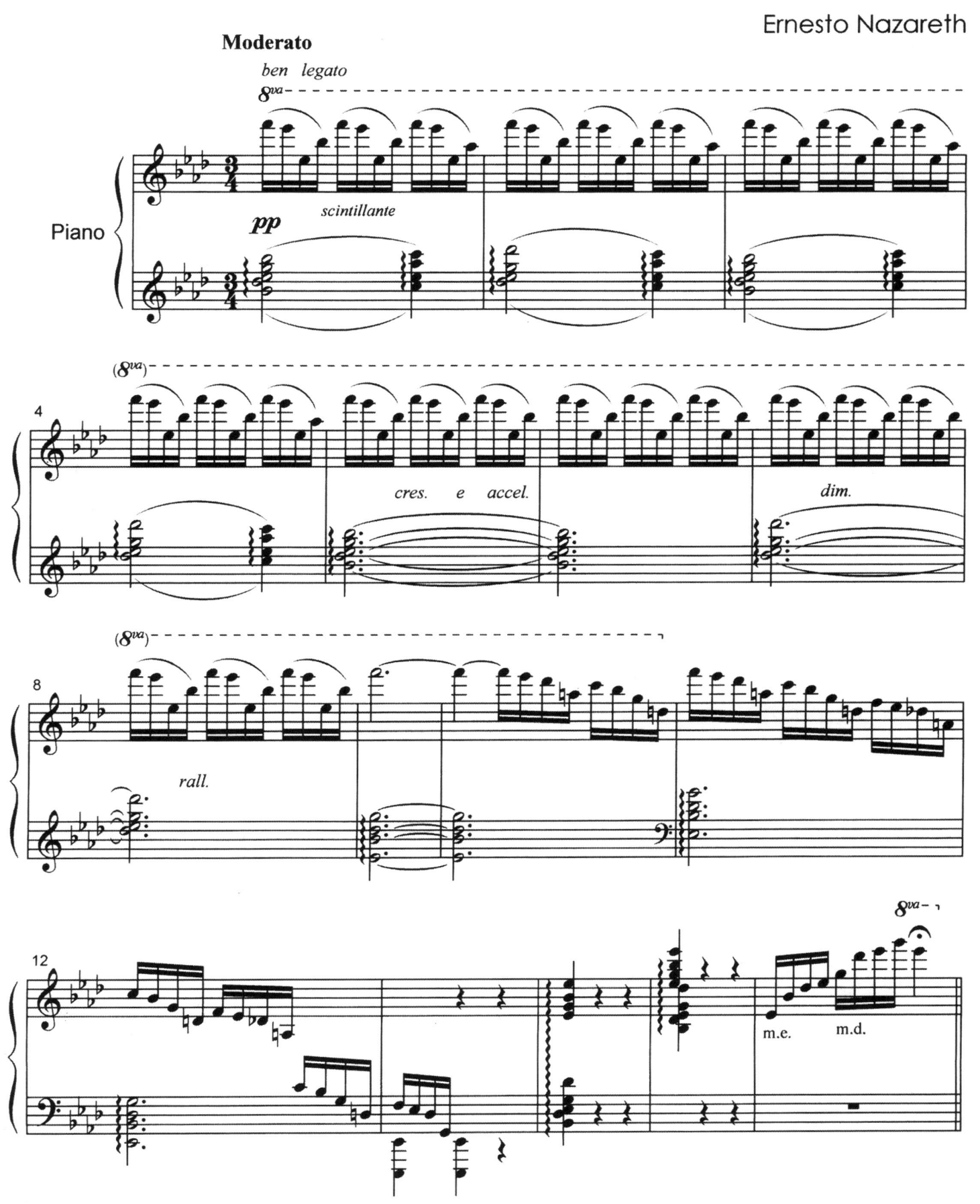

Ernesto Nazareth

Andante espressivo

42
rit. un poco e con tutta força
a tempo
46
un poco riten.
ben marcato il canto
50
con grazia
molto espressivo
56
con grazia
61
8va

66
con grazia
con dolore
72
sotto voce
f
Moderato
con strepito
78
3
3
8va
pp
scintillante ben legato
(8va)
82
cres. e accel.
(8va)
86
dim.
rall.

(8va)
90
94
m.d.
8va
Andante espressivo
m.e.
mf
101
mf
107
p
subito
f
113
8va
smorz. poco a poco
8va
FIM
Ped.

Ao glorioso Rancho Carnavalesco do mesmo nome

Ameno Resedá

Polka

Ernesto Nazareth
1912

* bem staccato

* o acompanhamento deve imitar Cavaquinho

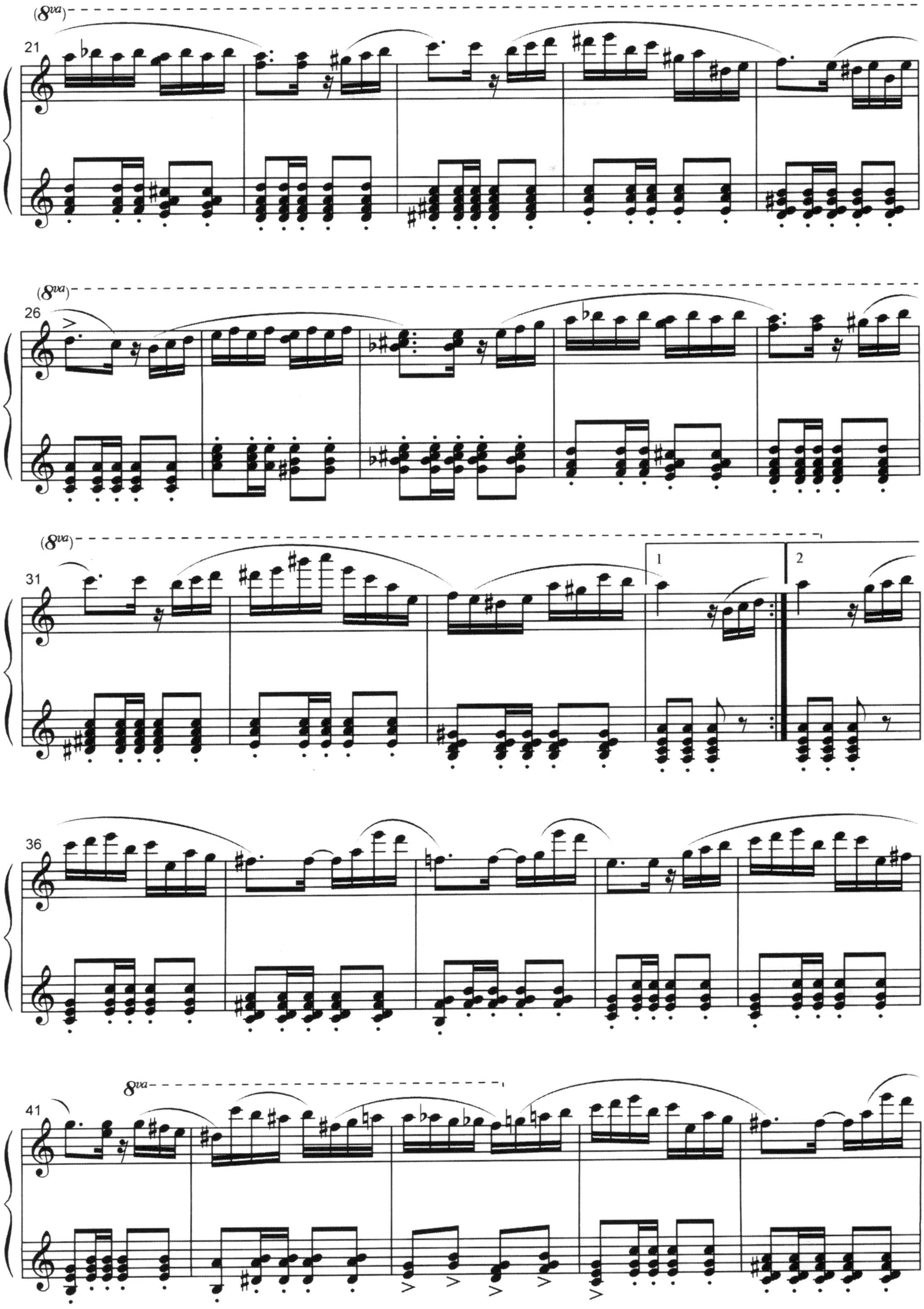

(8va)
21
26
31
1
2
36
41
8va

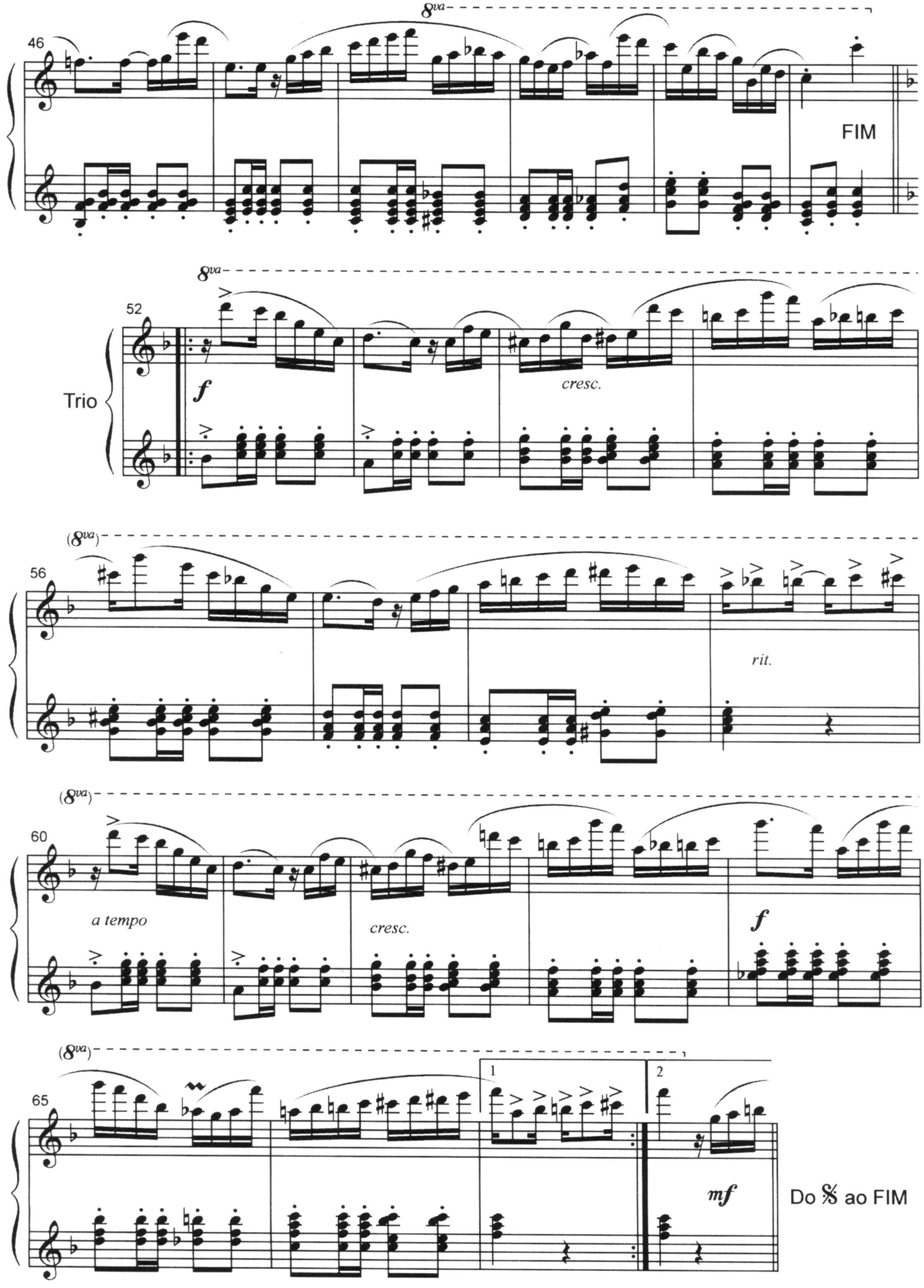
8va
FIM
Trio
f
cresc.
(8va)
rit.
a tempo
cresc.
f
1
2
mf
Do 𝄋 ao FIM

dedicado ao distinto e particular amigo Juracy Nazareth de Araújo

Apanhei-te, cavaquinho

Choro

Ernesto Nazareth

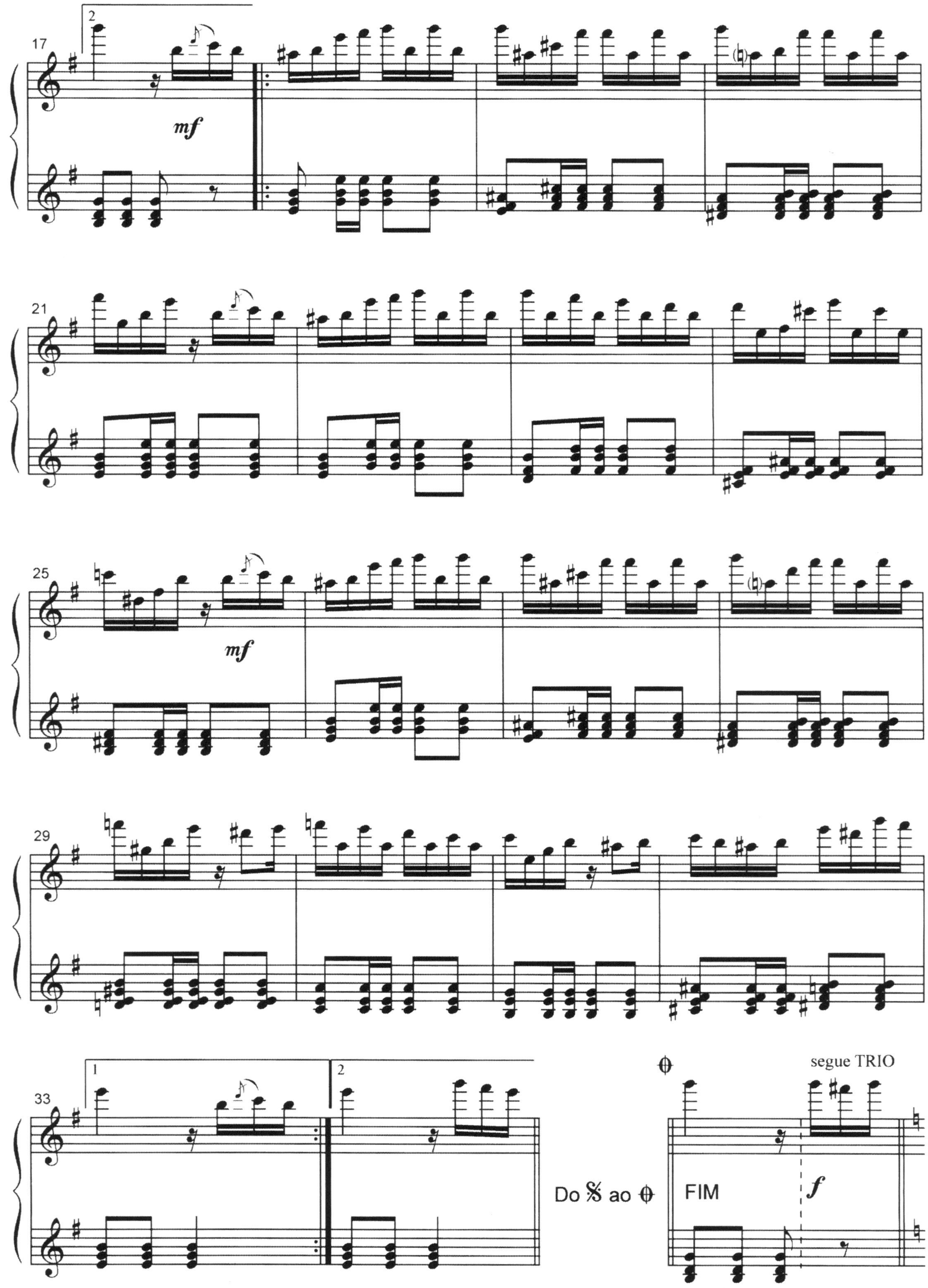
mf
mf
Do 𝄋 ao 𝄌
FIM
segue TRIO
f

Trio

Do 𝄋 ao FIM

Ao meu amigo Dr. Jorge Fragoso

ATREVIDO

Tango

Ernesto Nazareth
1913

Alegre, bem jocoso

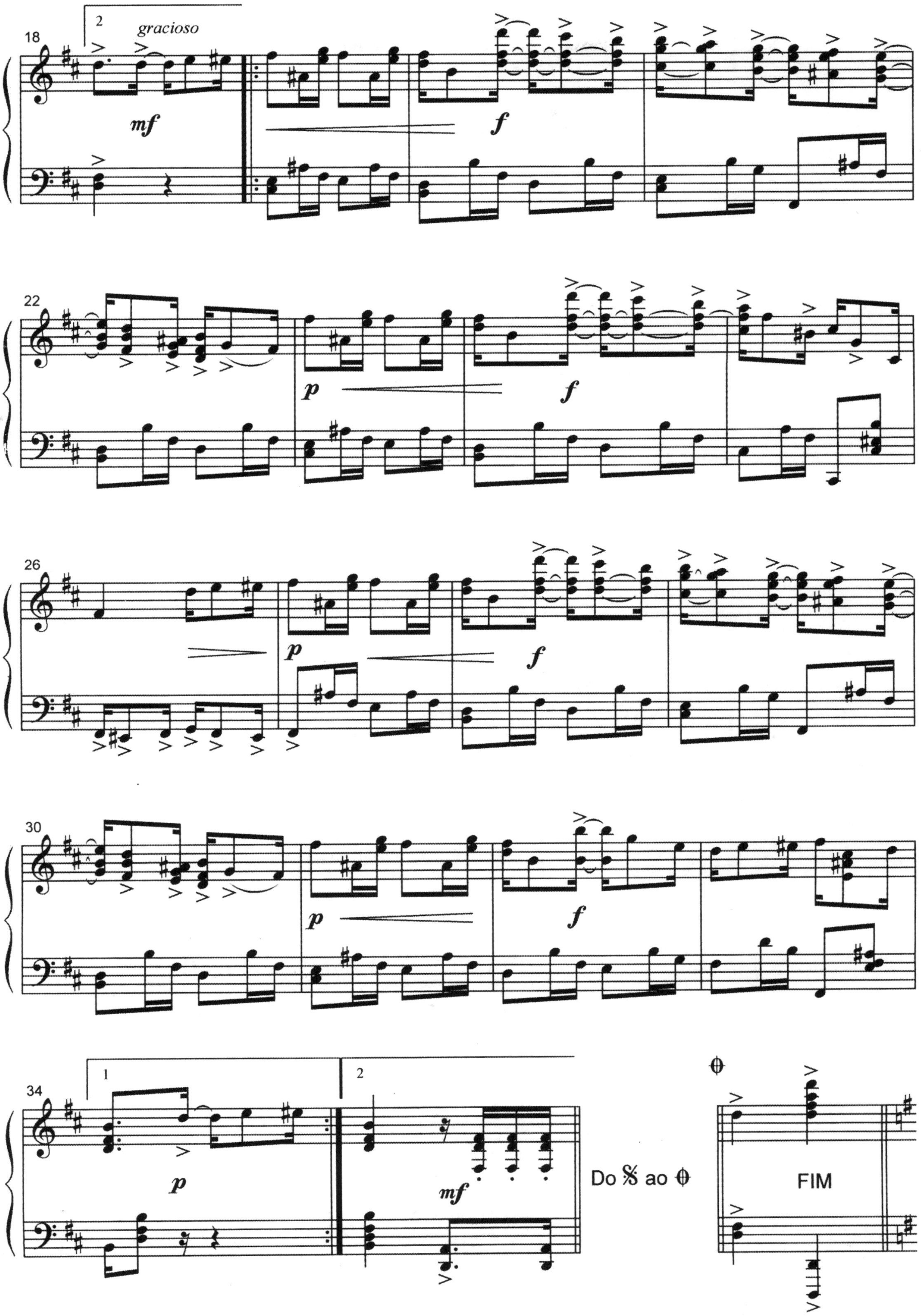

gracioso
Do 𝄋 ao Φ
FIM

Do 𝄋 ao 𝄌
e FIM

Ao bom amigo César de Araújo

Bambino

Tango

Ernesto Nazareth

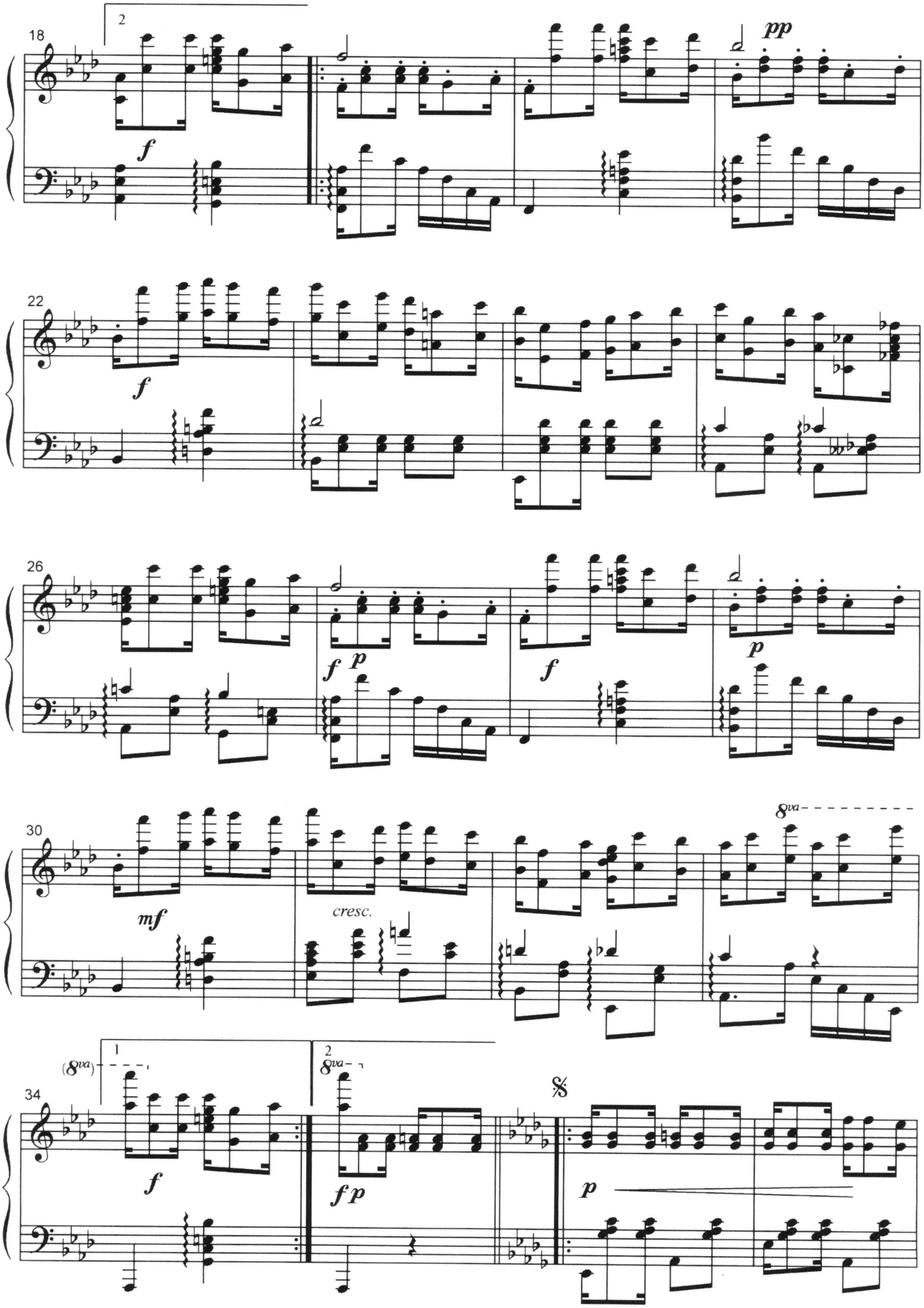
18
2
f
pp
22
f
26
f
p
f
p
30
mf
cresc.
8va
34
(8va)
1
2
8va
f
fp
p

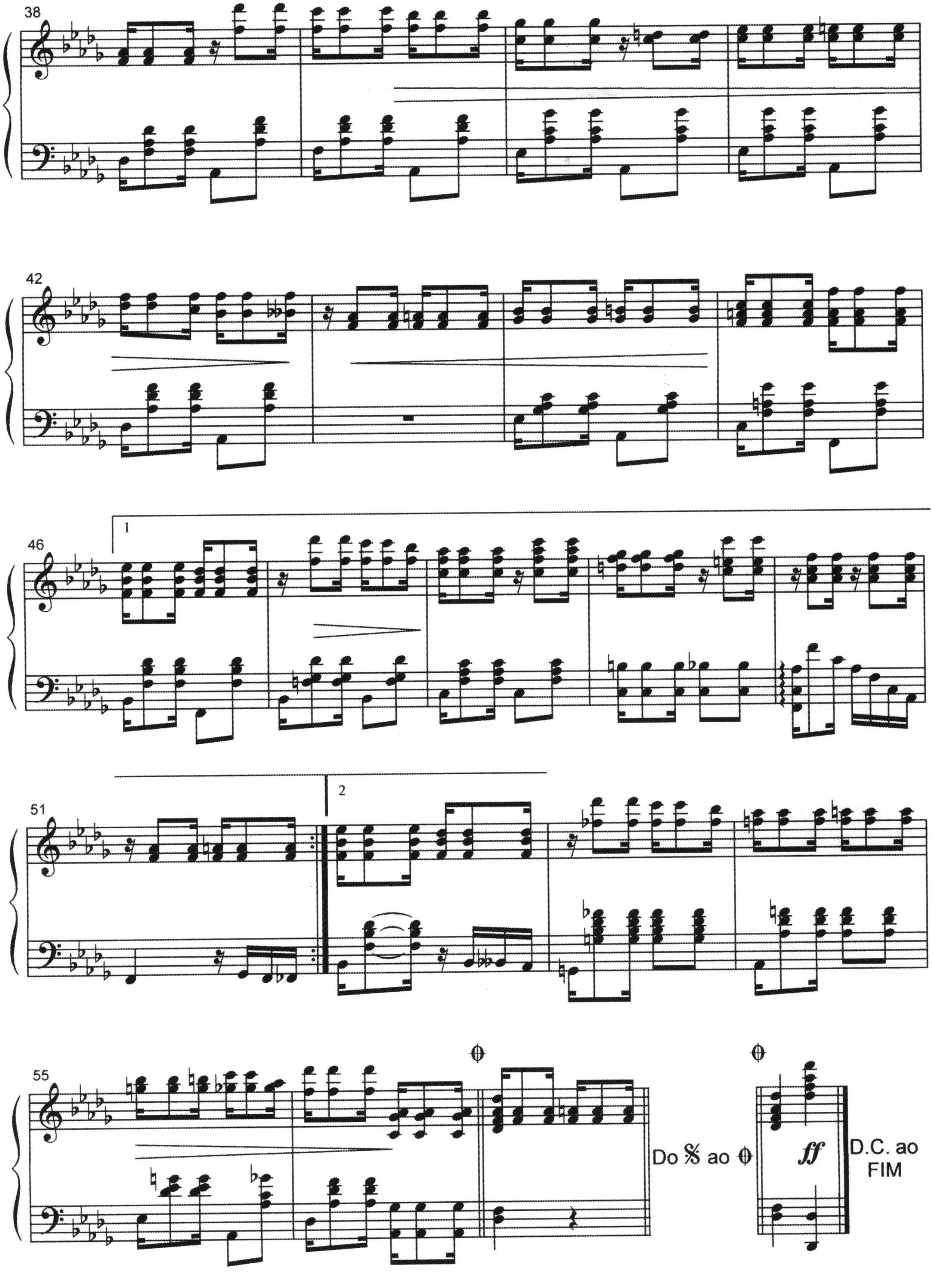

38
42
46
1
51
2
55
Do 𝄋 ao 𝄌
ff
D.C. ao FIM

Ao eminente pianista e compositor H. Oswald

Batuque

Tango característico

Ernesto Nazareth
1913

Moderato

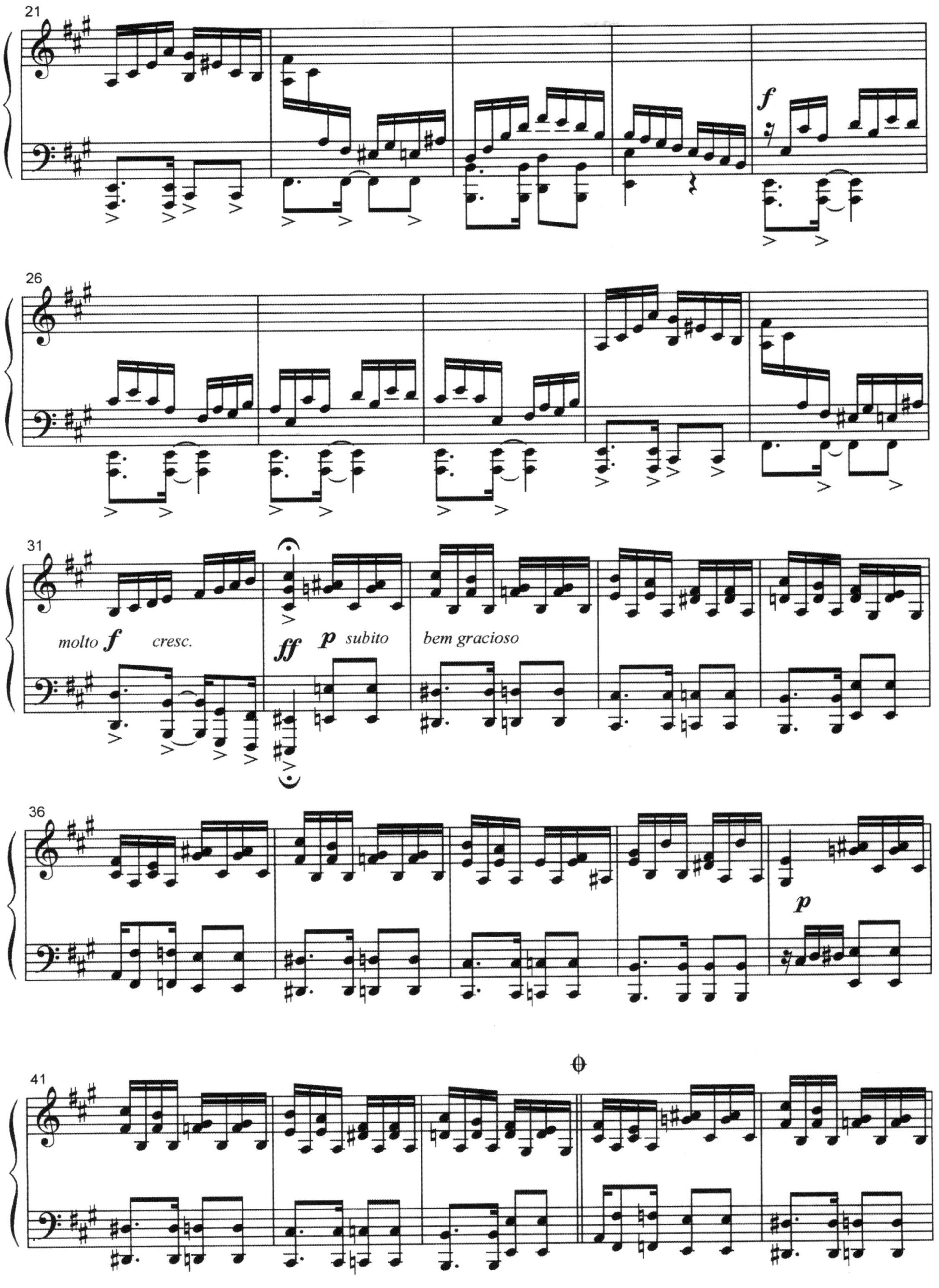
21
26
31
molto f
cresc.
ff
p subito
bem gracioso
36
p
41

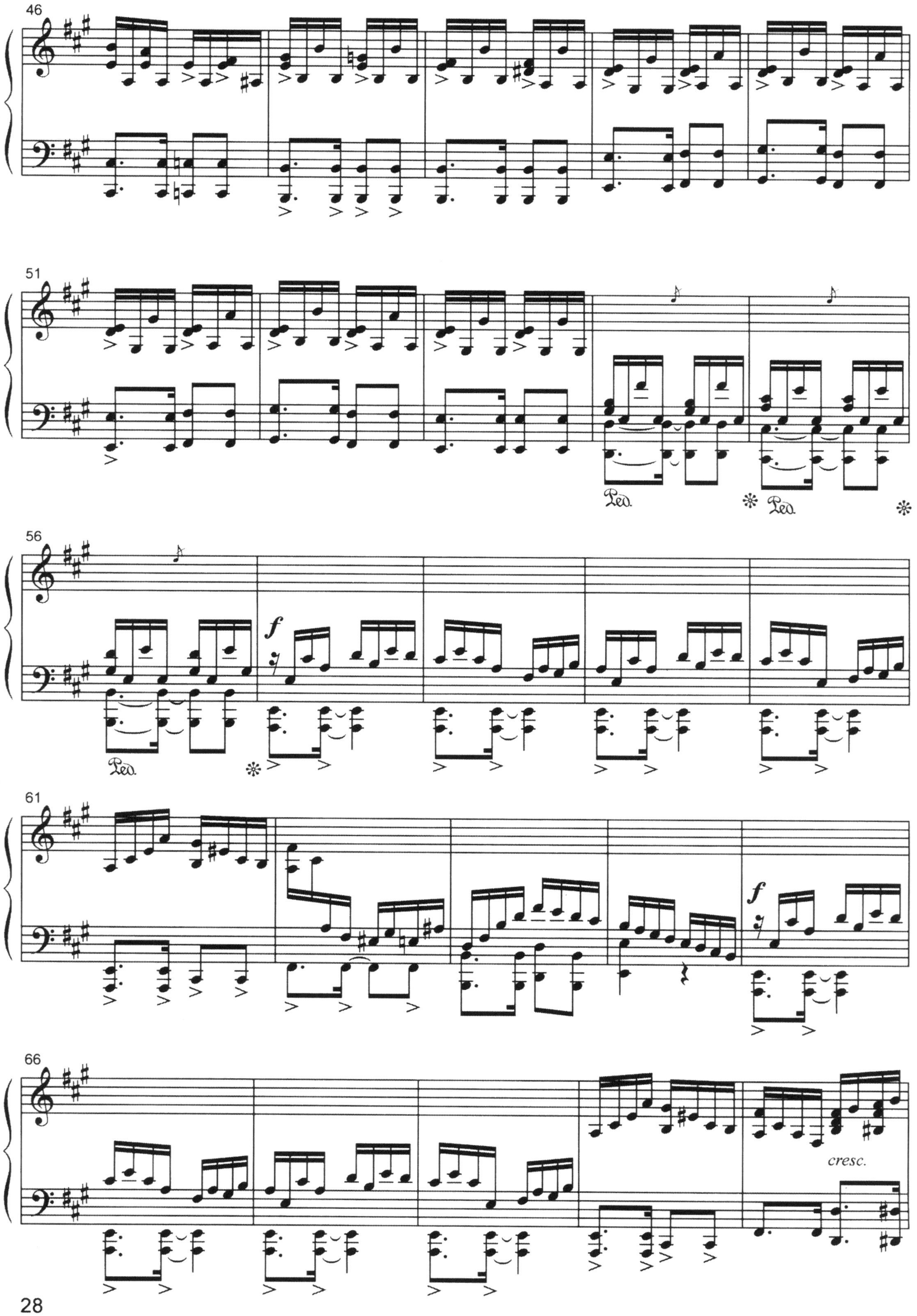
46
51
Ped.
Ped.
56
Ped.
f
61
f
66
cresc.

71
singelo
ff
f
poco rit.
76
rit.
a tempo
81
86
rit.
accel.
f
ff
p
misterioso
91
allarg.
a tempo
f

96
simile
cresc.
rit.
101
a tempo
cresc.
106
suave
ff
p
111
cresc.
f
ff
116
dim.
suave
p

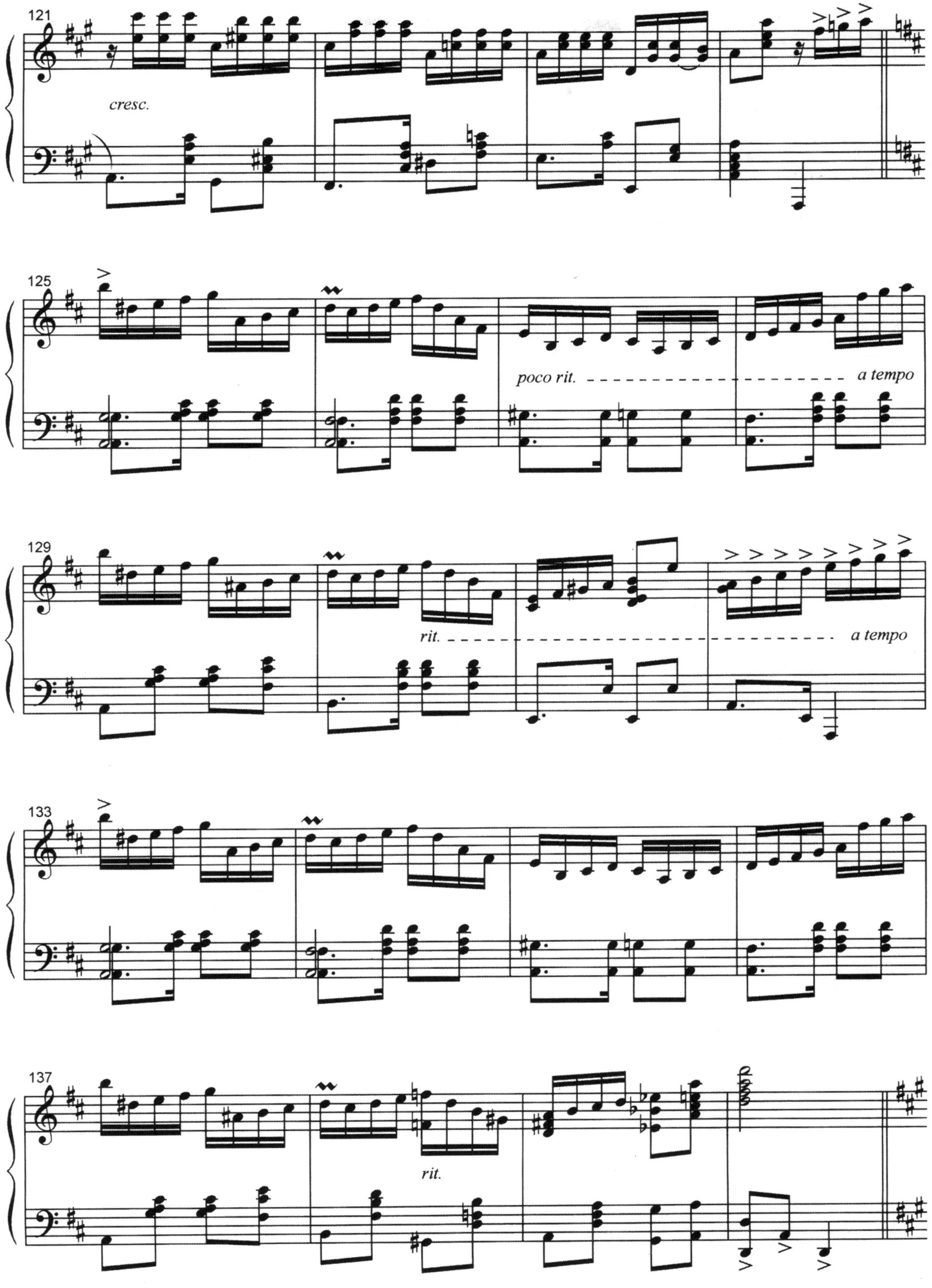
121
cresc.
125
poco rit.
a tempo
129
rit.
a tempo
133
137
rit.

32

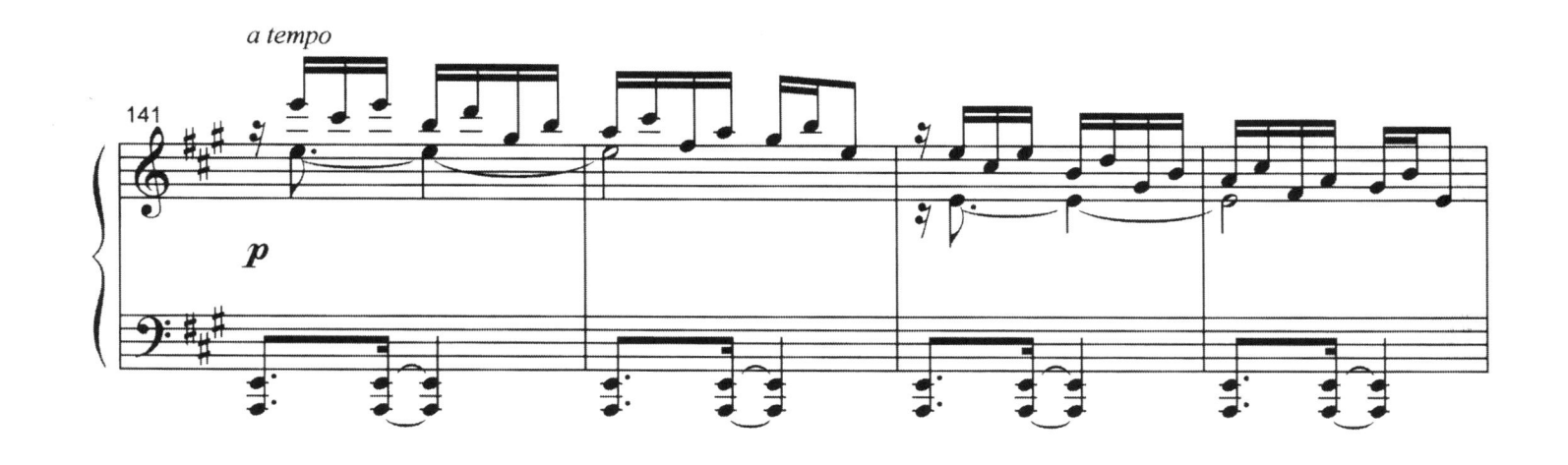

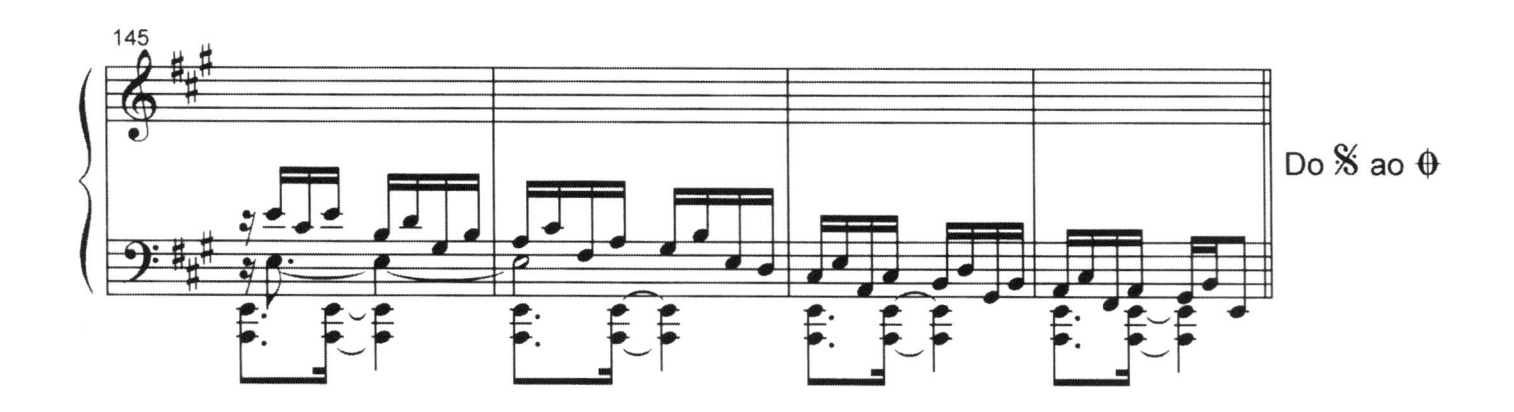

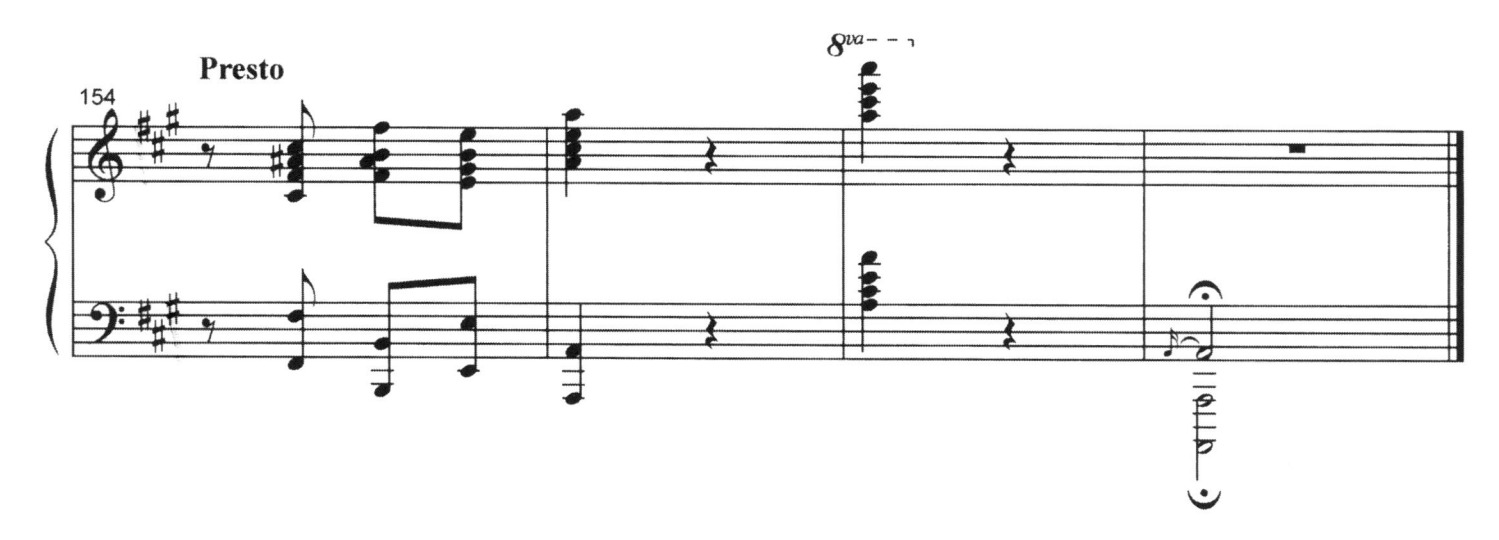

Ao meu sobrinho Gilberto Nazareth

Brejeiro

Tango

Ernesto Nazareth

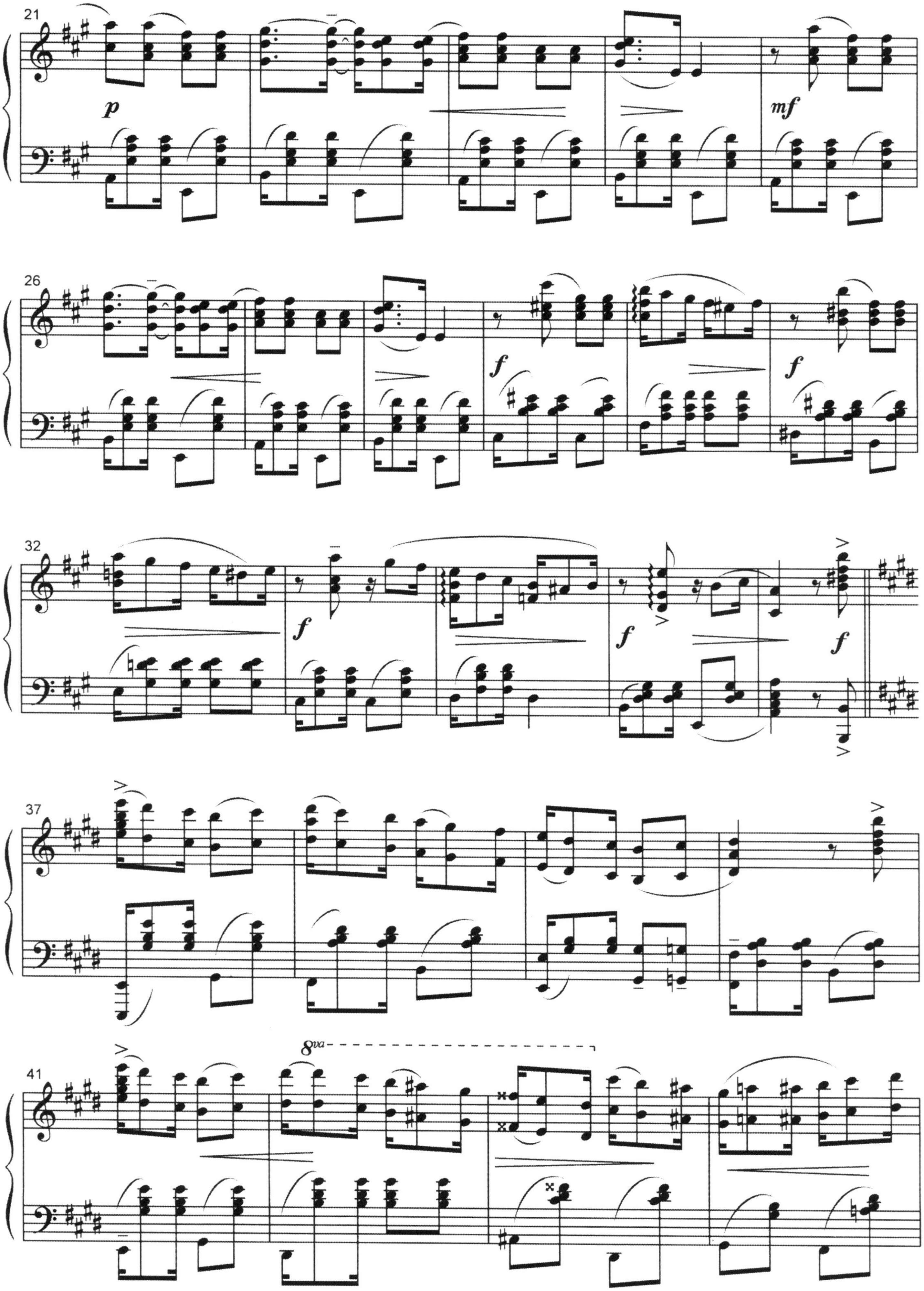
21
p
mf
26
f
f
32
f
f
f
37
41
8va

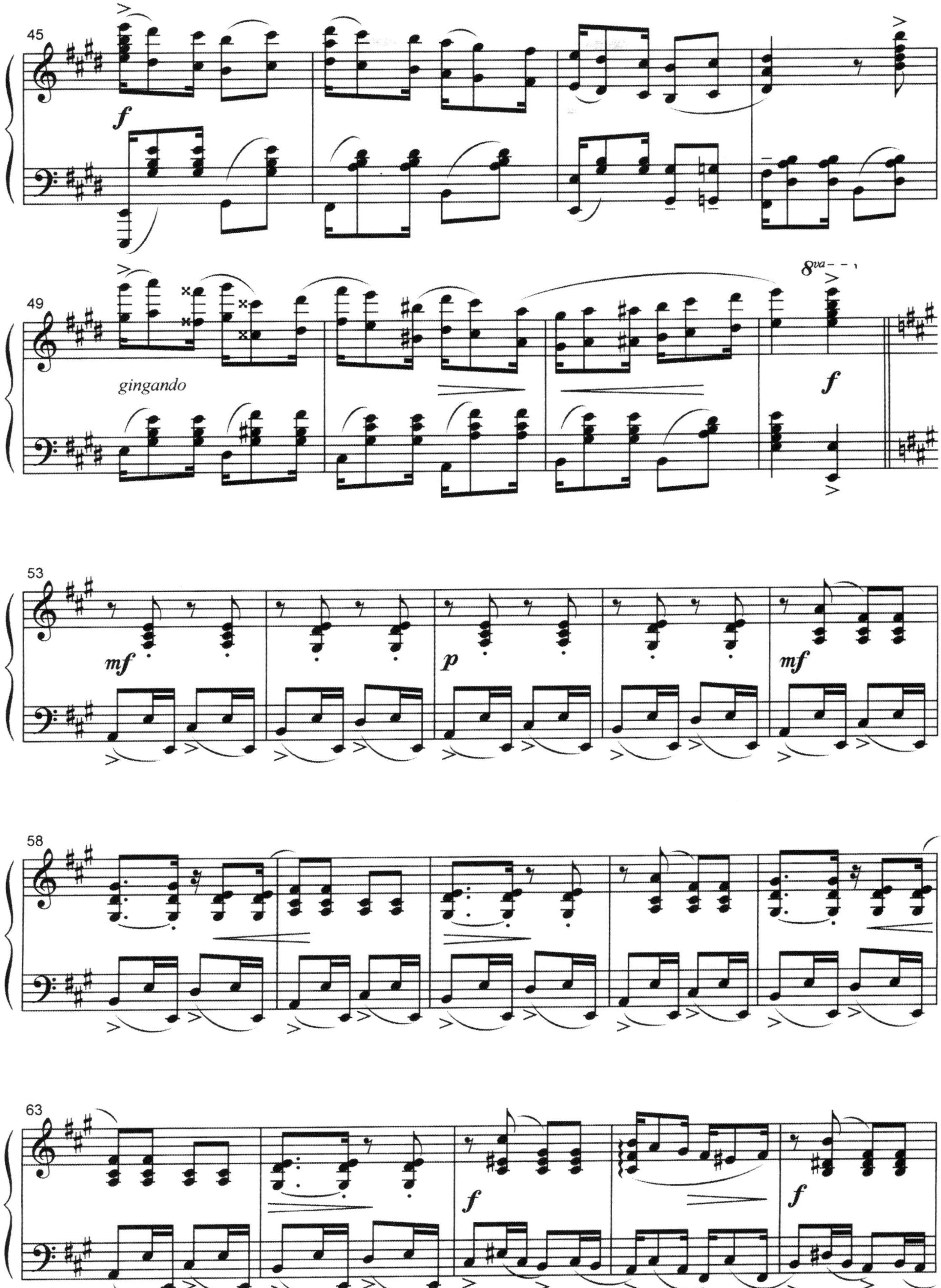
45
gingando
49
8va
53
58
63

com delicadeza

Ao talentoso e inspirado artista Olympio Nogueira

Carioca

Tango

Ernesto Nazareth
1913

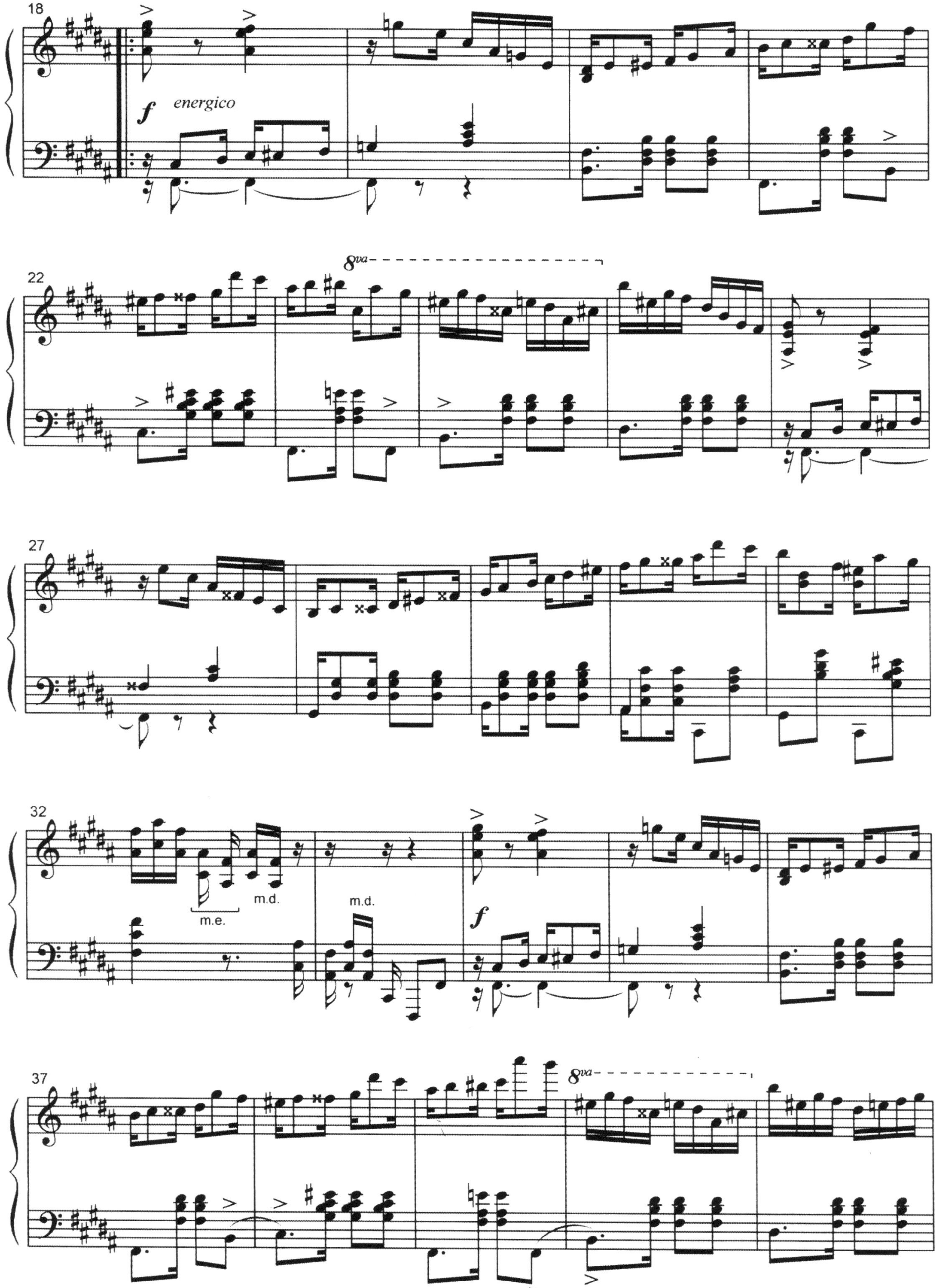
18
f
energico
22
8va
27
32
m.e.
m.d.
m.d.
f
37
8va

Do 𝄋 ao ⊕

brilhante

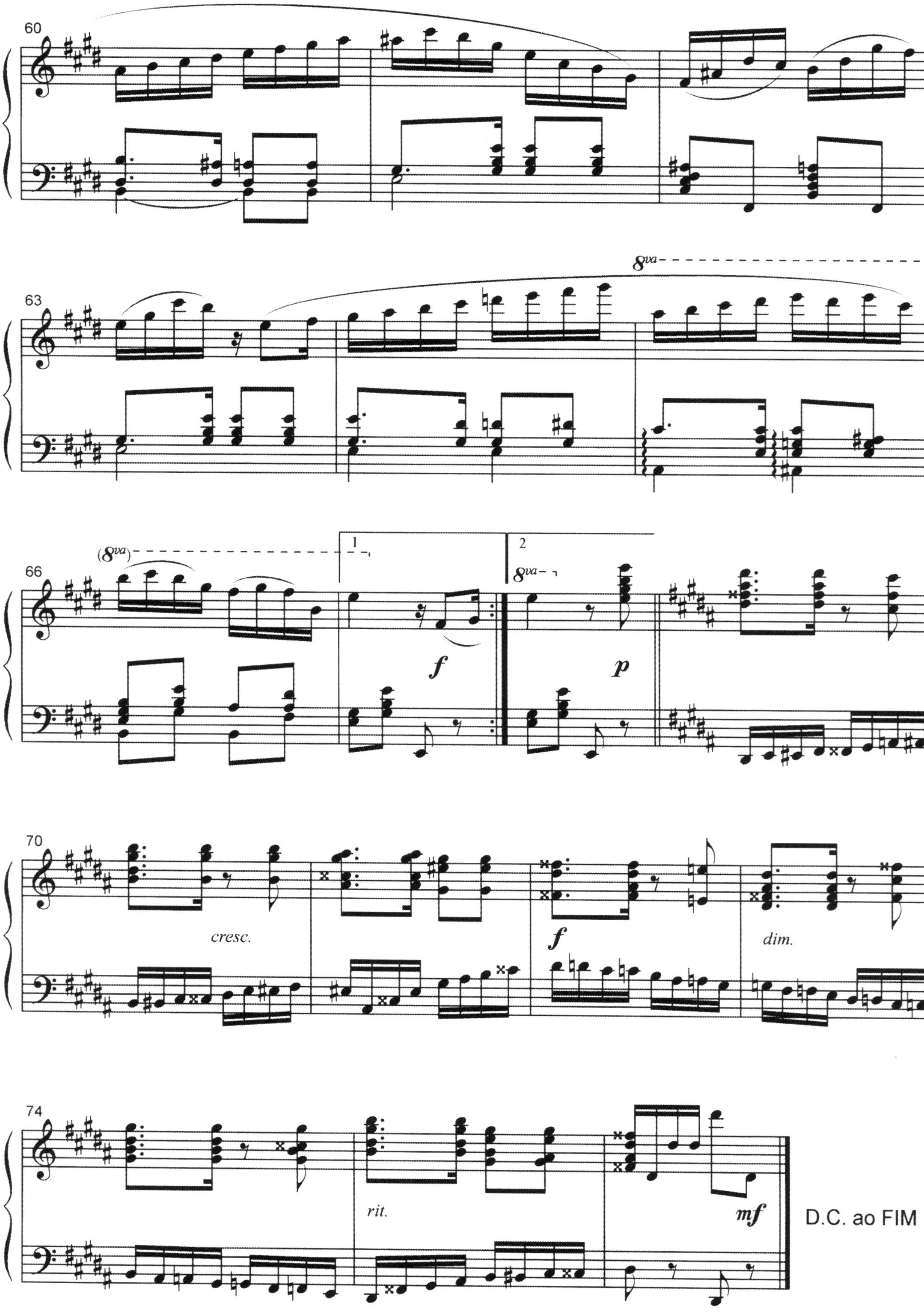
60
63
8va
66
(8va)
1
2
8va
f
p
70
cresc.
f
dim.
74
rit.
mf
D.C. ao FIM

Ao inspirado poeta Catullo da Paixão Cearence

Confidências

Valsa

Ernesto Nazareth
1913

42

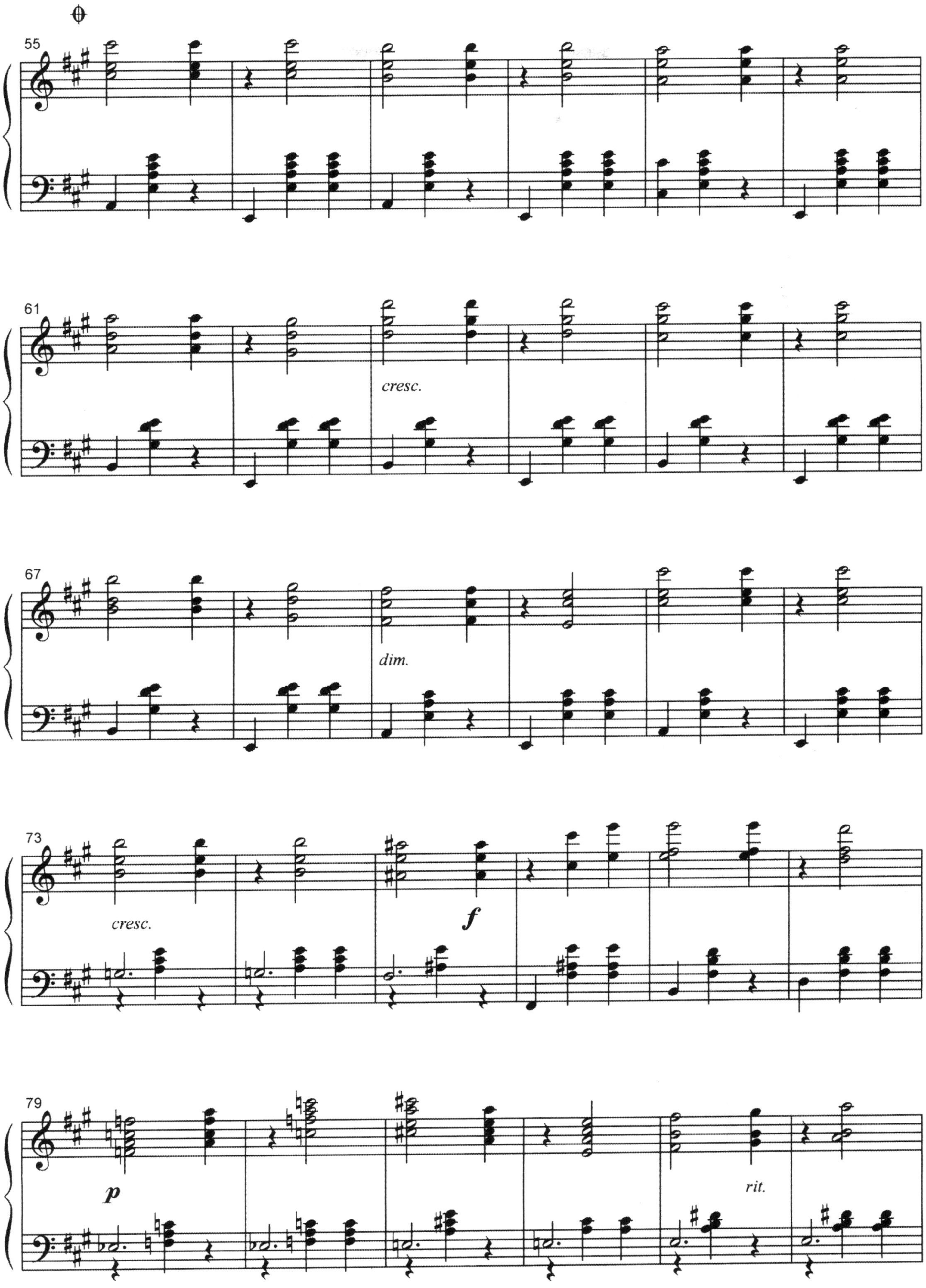
55
61
cresc.
67
dim.
73
cresc.
f
79
p
rit.

85
8va
f
cresc.
p subito
90
(8va)
95
(8va)
100
(8va)
105
(8va)
cresc. sempre

Do 𝄋 ao FIM

à sua distintíssima discípula Sra. Gabriella Cruz

Coração que sente

Valsa

Ernesto Nazareth

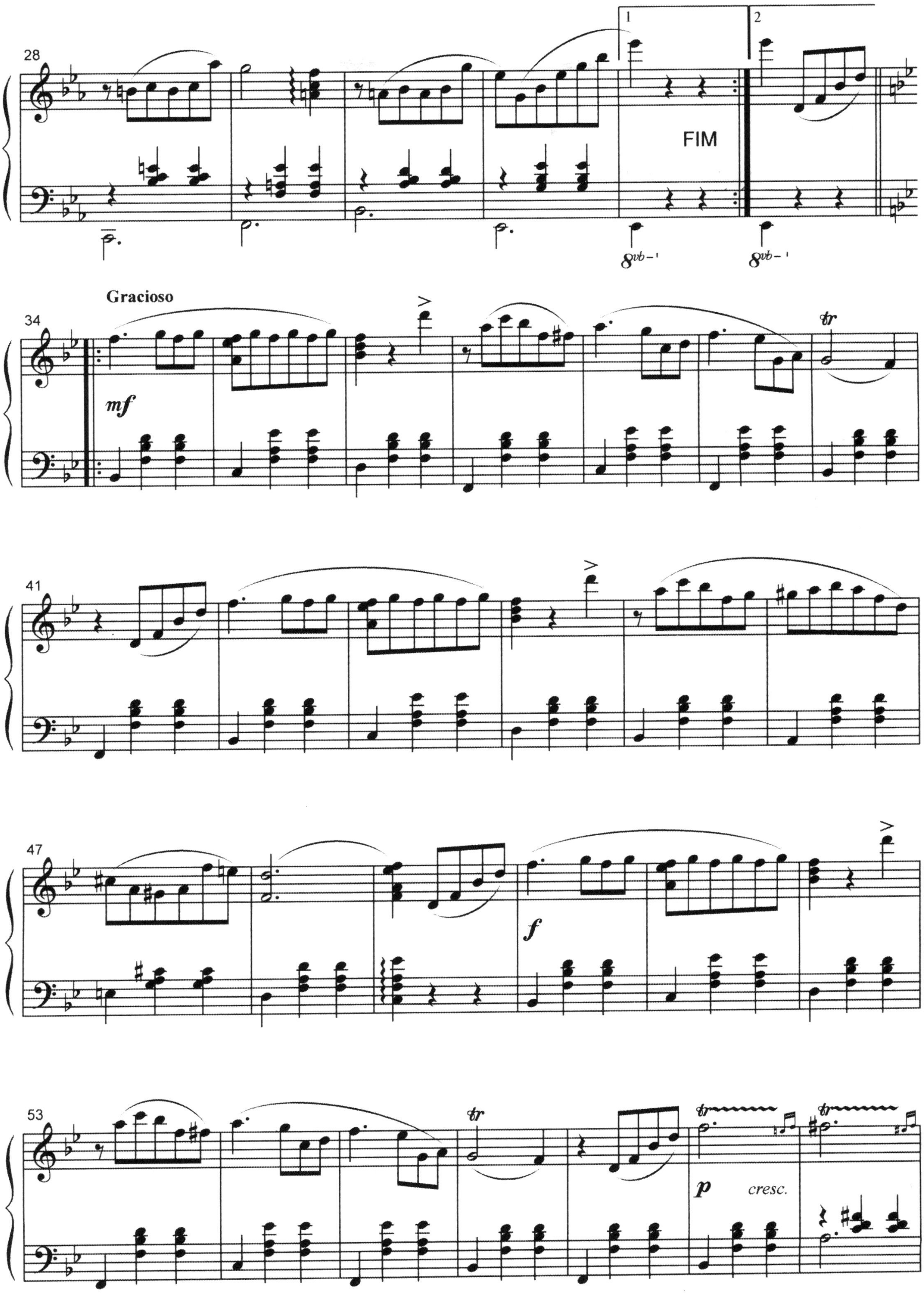
28
1
2
FIM
8vb
8vb
Gracioso
34
mf
tr
41
47
f
53
tr
tr
tr
p
cresc.

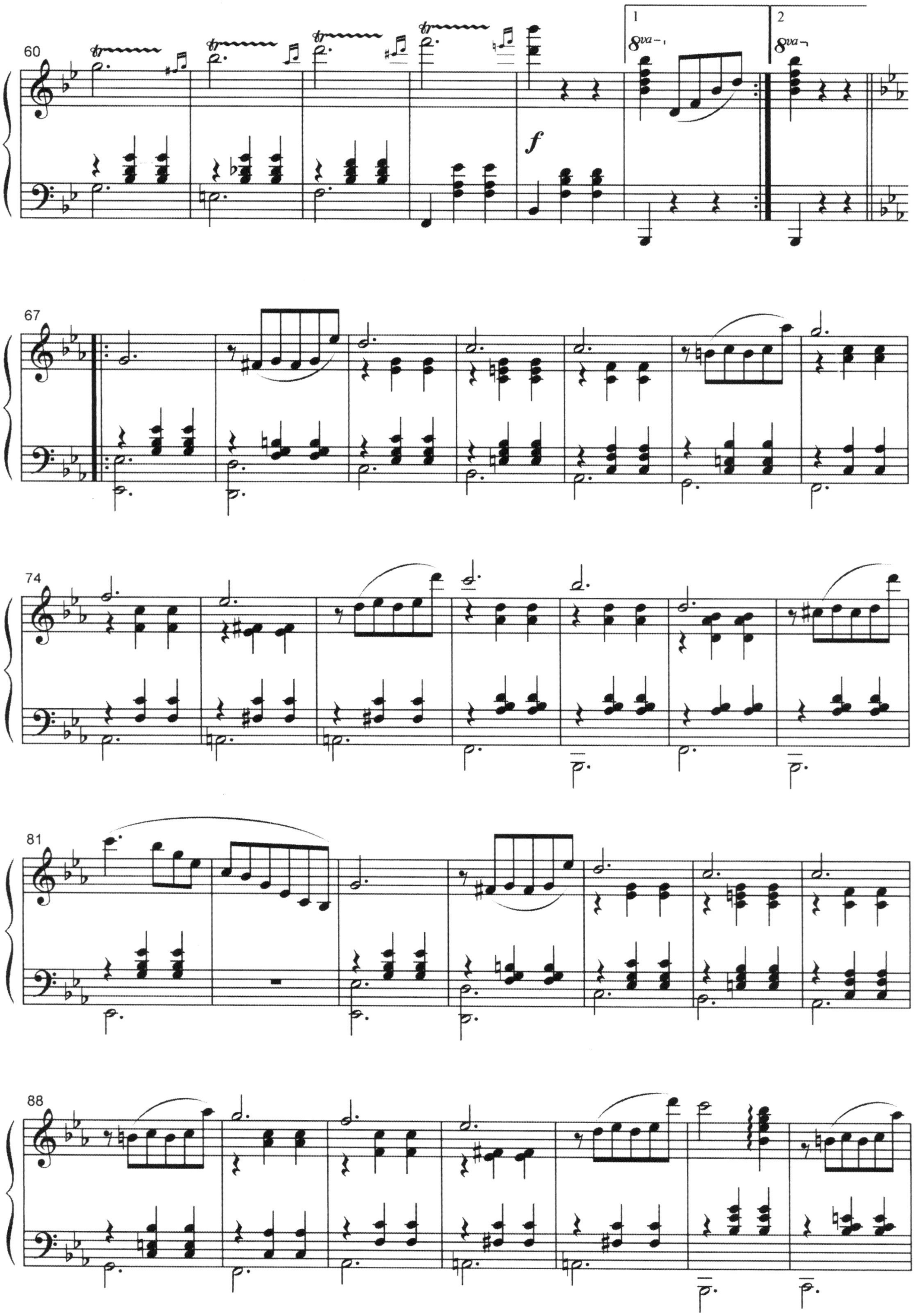
60
67
74
81
88

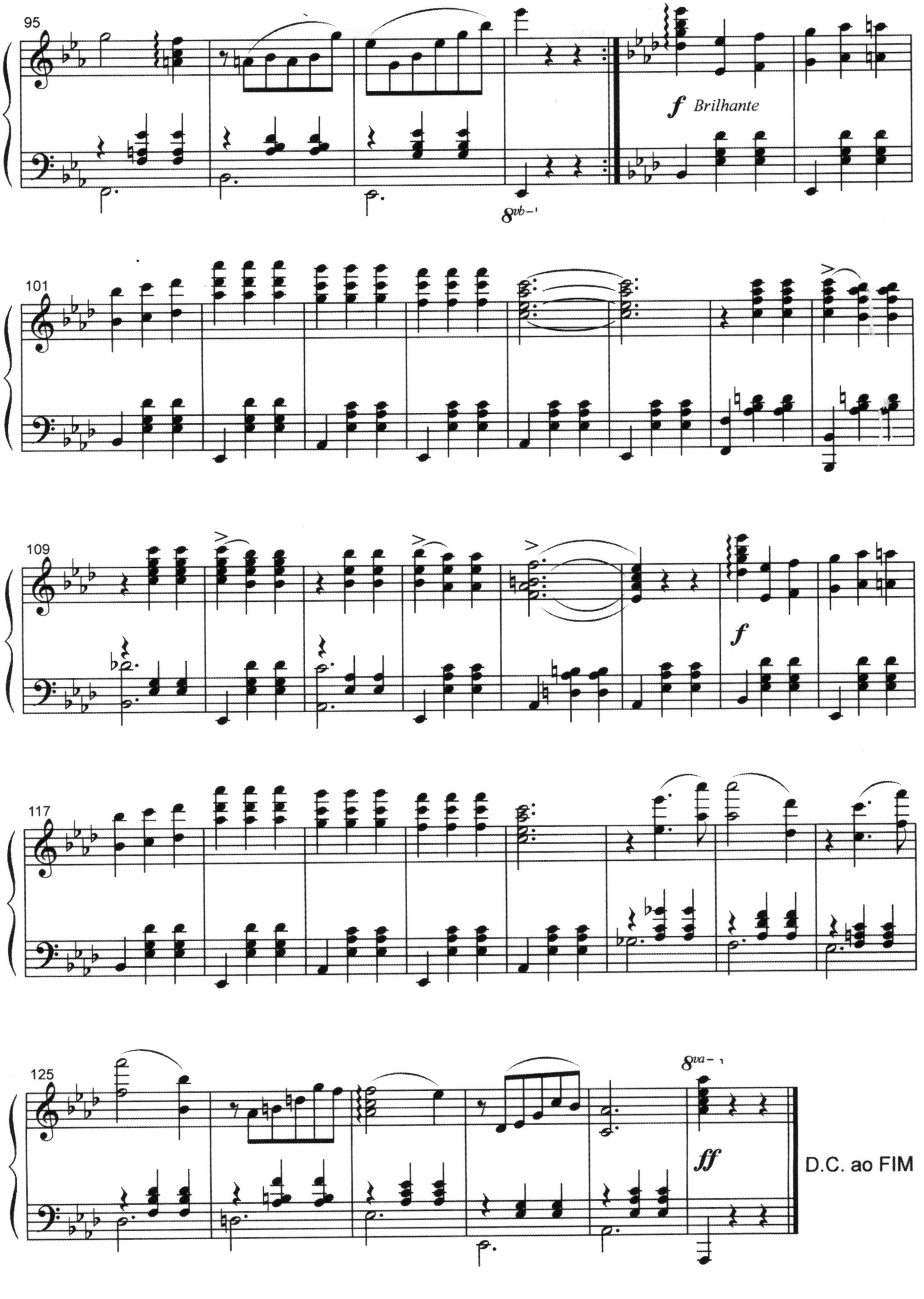
95
f Brilhante
8vb
101
109
f
117
125
8va
ff
D.C. ao FIM

Ao seu amigo J. Carneiro Machado

Cutuba

Tango

Ernesto Nazareth

51

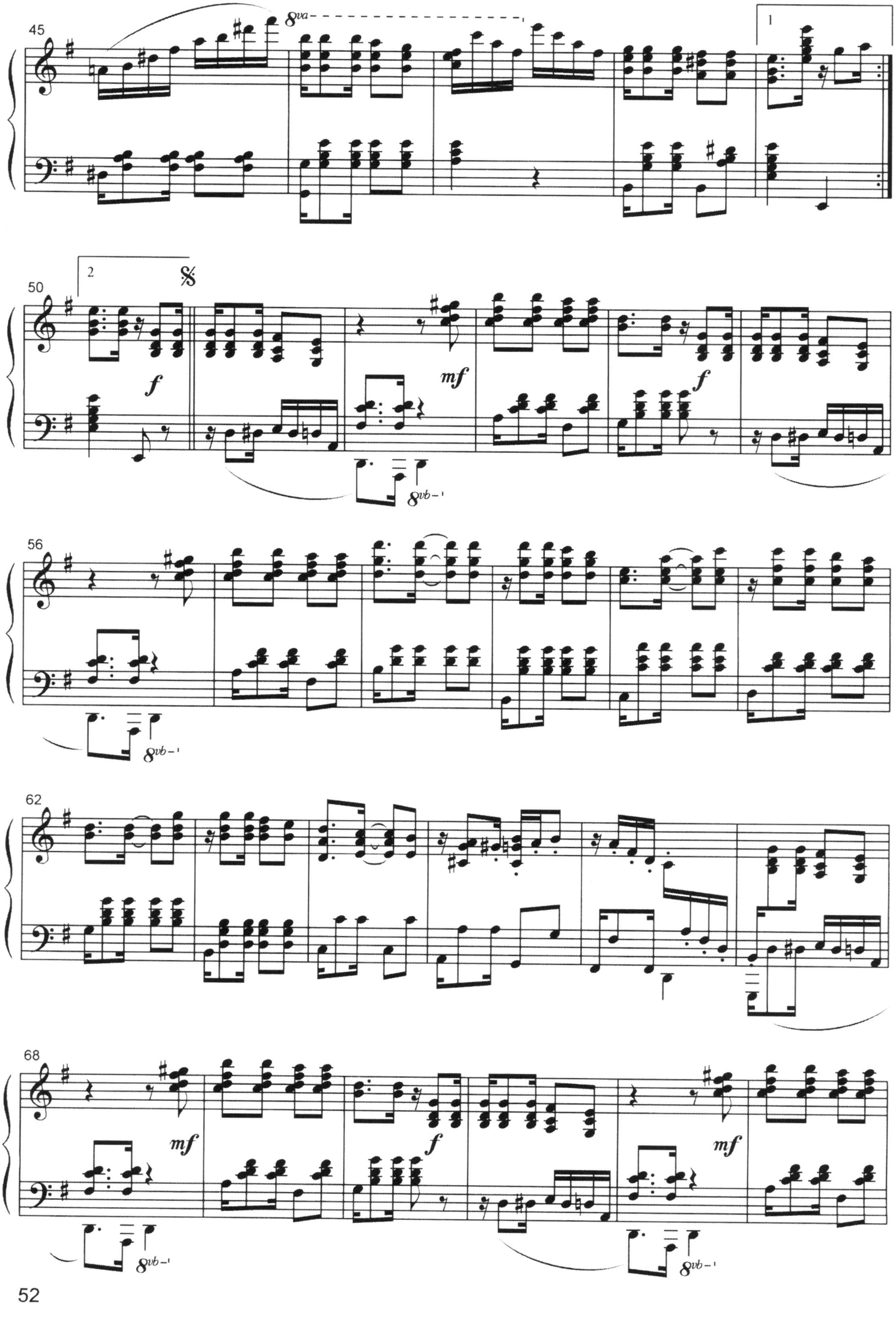
45
8va
1
50
2
f
mf
8vb
56
62
68

74
cresc.
79
só para terminar
FIM
Scherzando
84
Trio
f
90
cresc.
96
mf
cresc.
1
2
f
f
Do 𝄋 e Fim

Ao amigo Julio Braga

Duvidoso

Tango

Ernesto Nazareth
1922

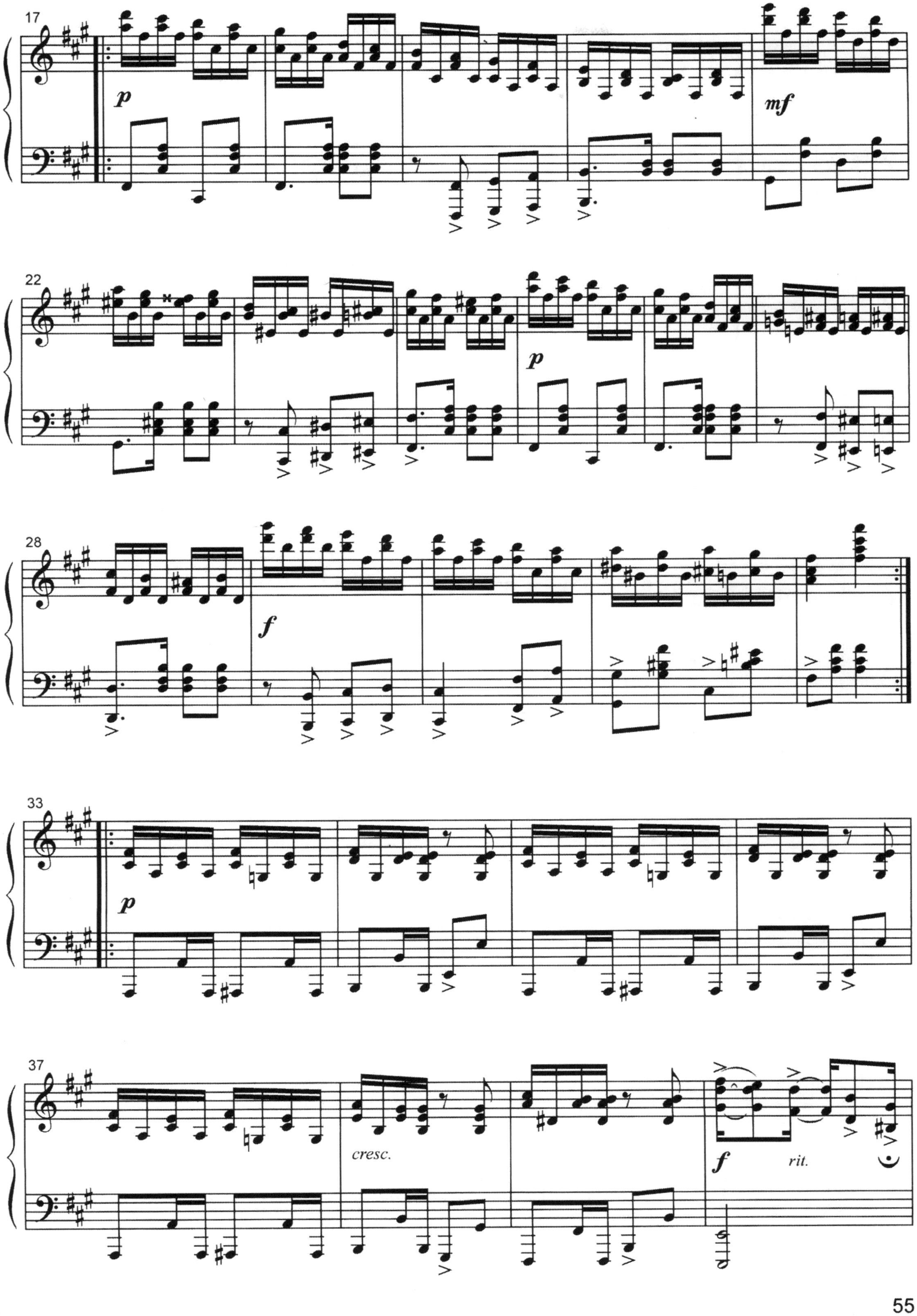
17
p
mf
22
p
28
f
33
p
37
cresc.
f
rit.

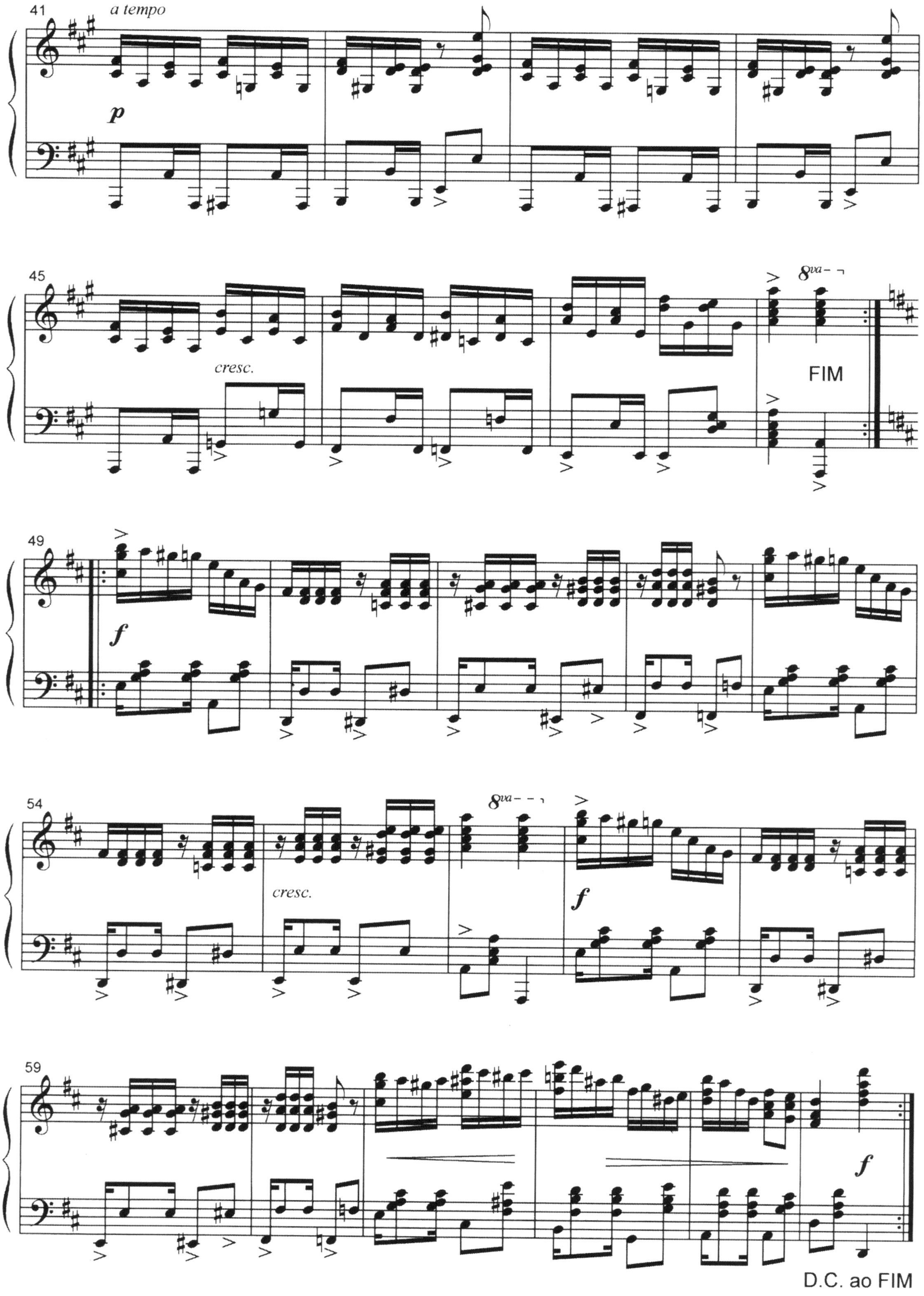
41
a tempo
p
45
cresc.
8va
FIM
49
f
54
cresc.
8va
f
59
f
D.C. ao FIM

dedicada ao distinto amigo Virgílio Werneck Corrêa e Castro

Epônina

Valsa

Ernesto Nazareth

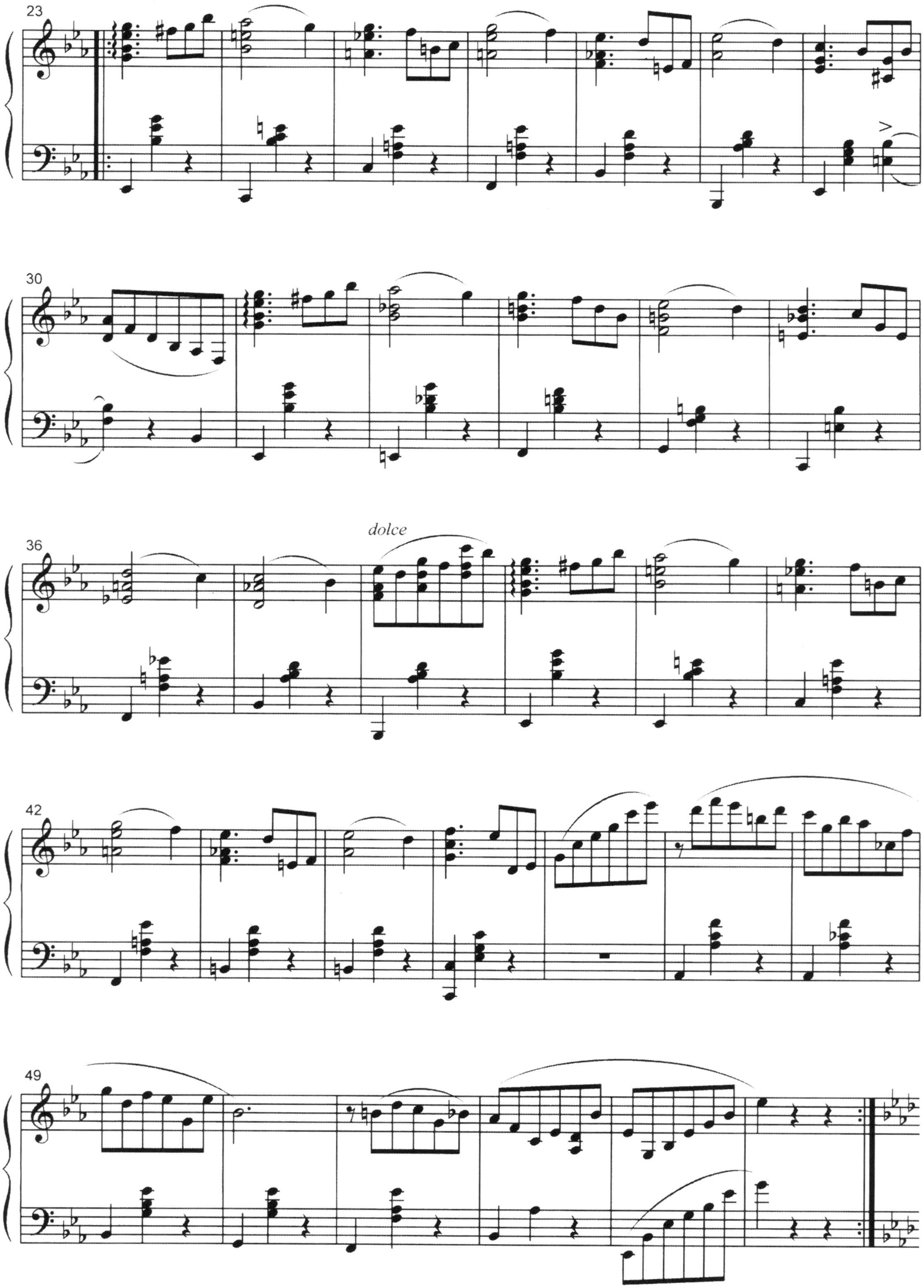
23
30
36
dolce
42
49

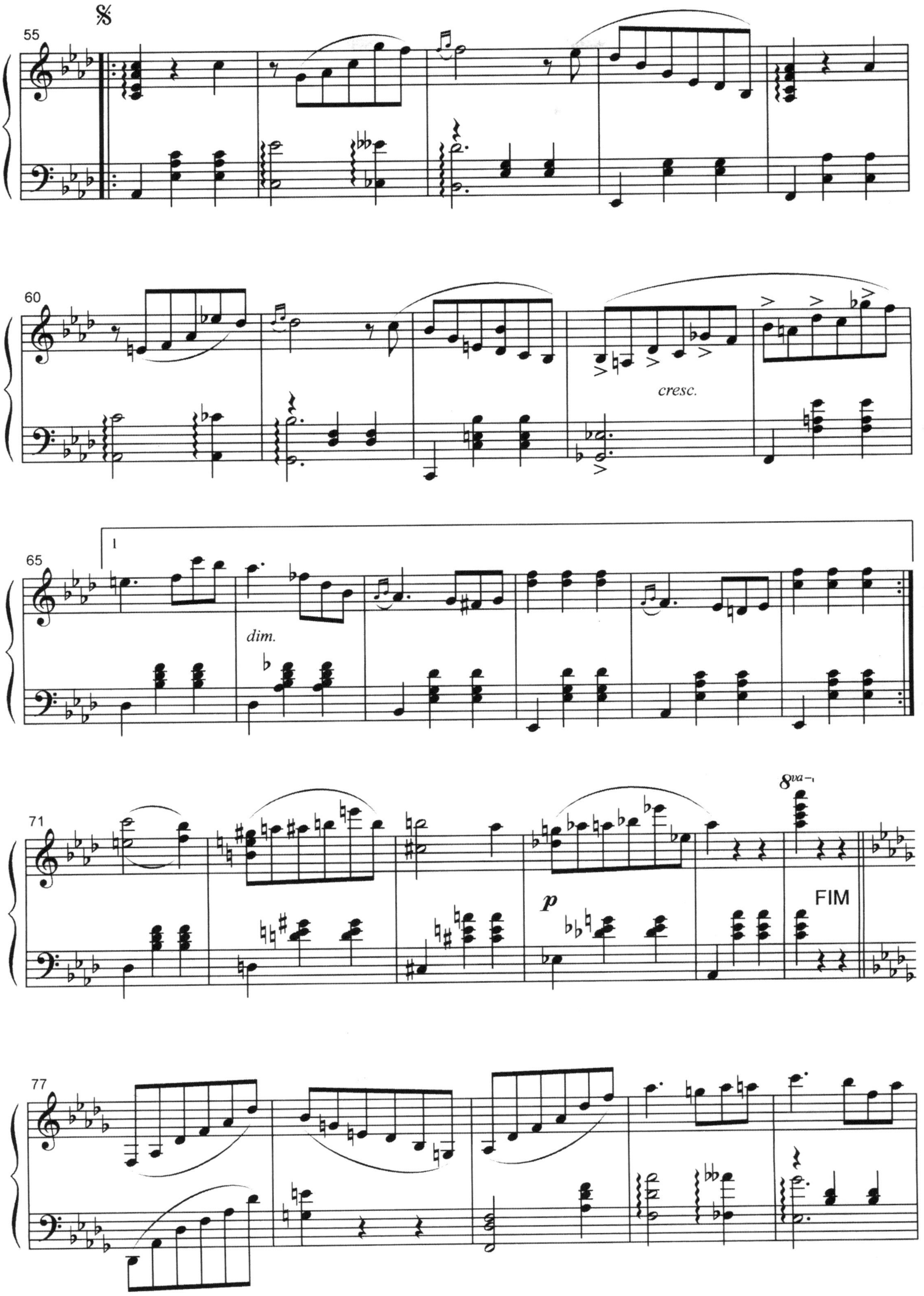
55
60
cresc.
65
1
dim.
71
8va
p
FIM
77

Do 𝄋 ao FIM

dedicado à bela Orquestra da Brahma dirigida pelo Maestro Russo

Escorregando

Tango Brasileiro

Ernesto Nazareth

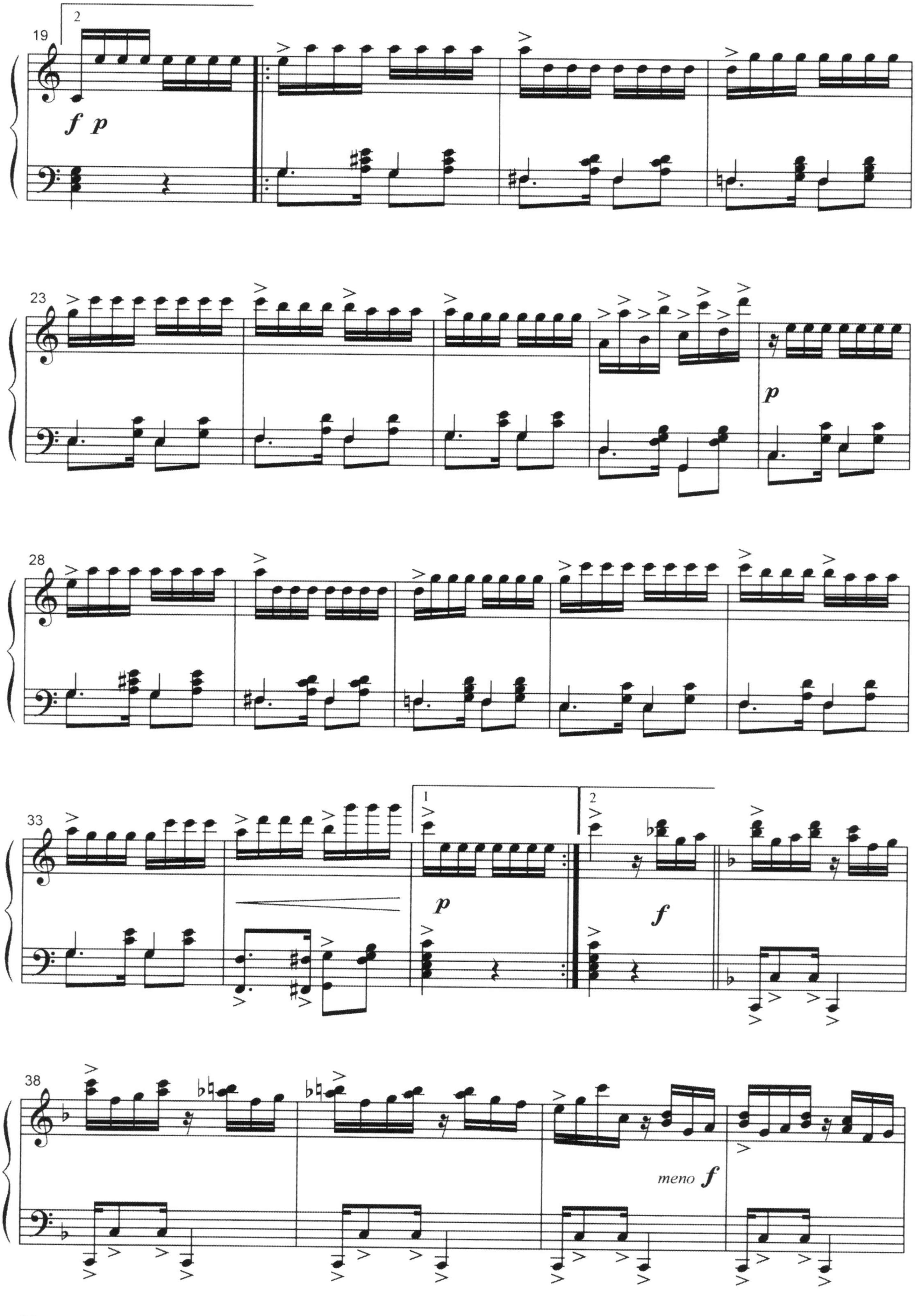
19
2
f p
23
p
28
33
1
2
p
f
38
meno f

com entusiasmo

Do 𝄋 ao FIM

ao meu irmãozinho Fernando Nazareth

Escovado

Tango

Ernesto Nazareth

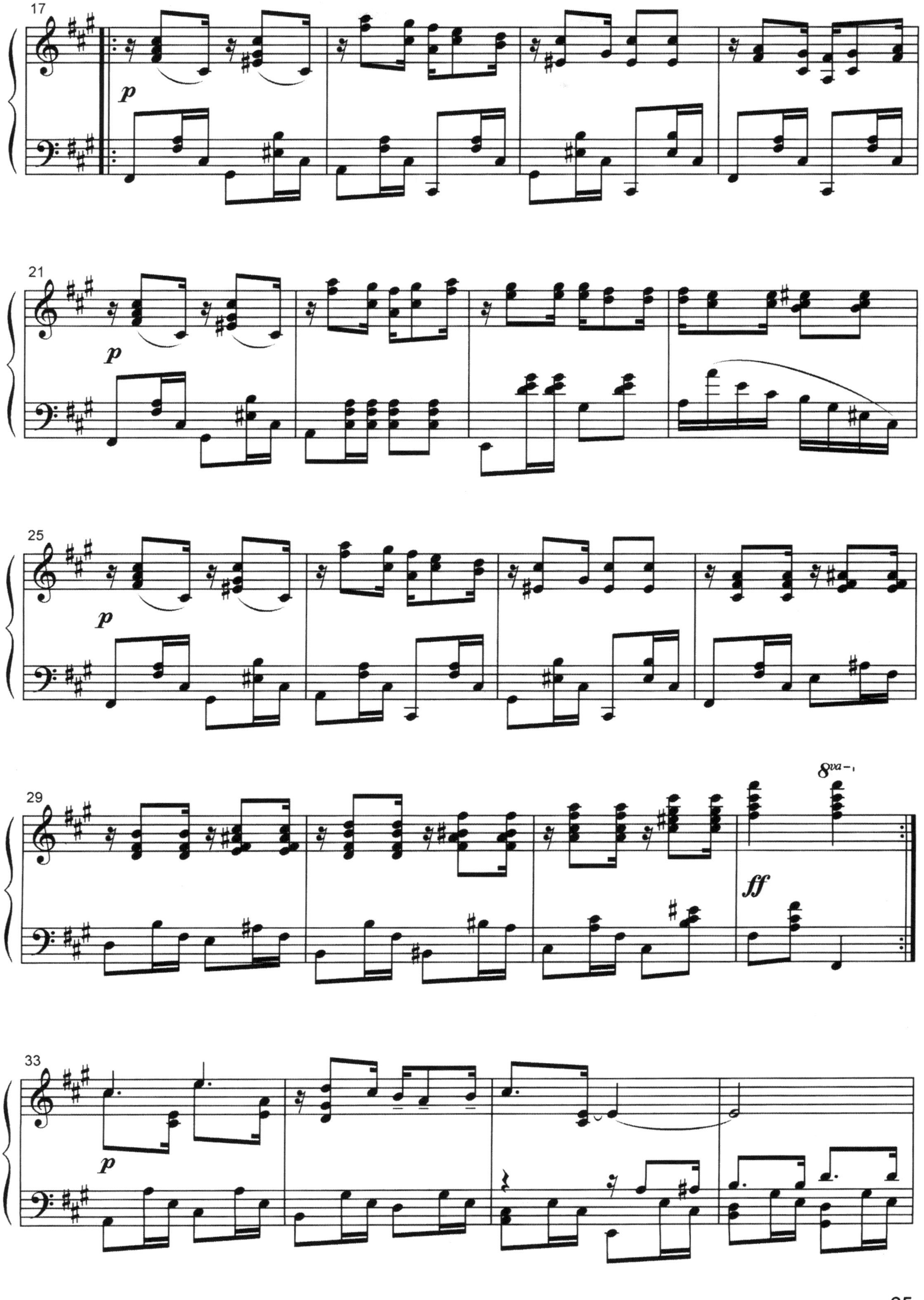
17
p
21
p
25
p
29
8va
ff
33
p

66

D.C. ao FIM

Ao meu amigo Dr. Elpidio Trindade

Espalhafatoso

Tango

Ernesto Nazareth
1913

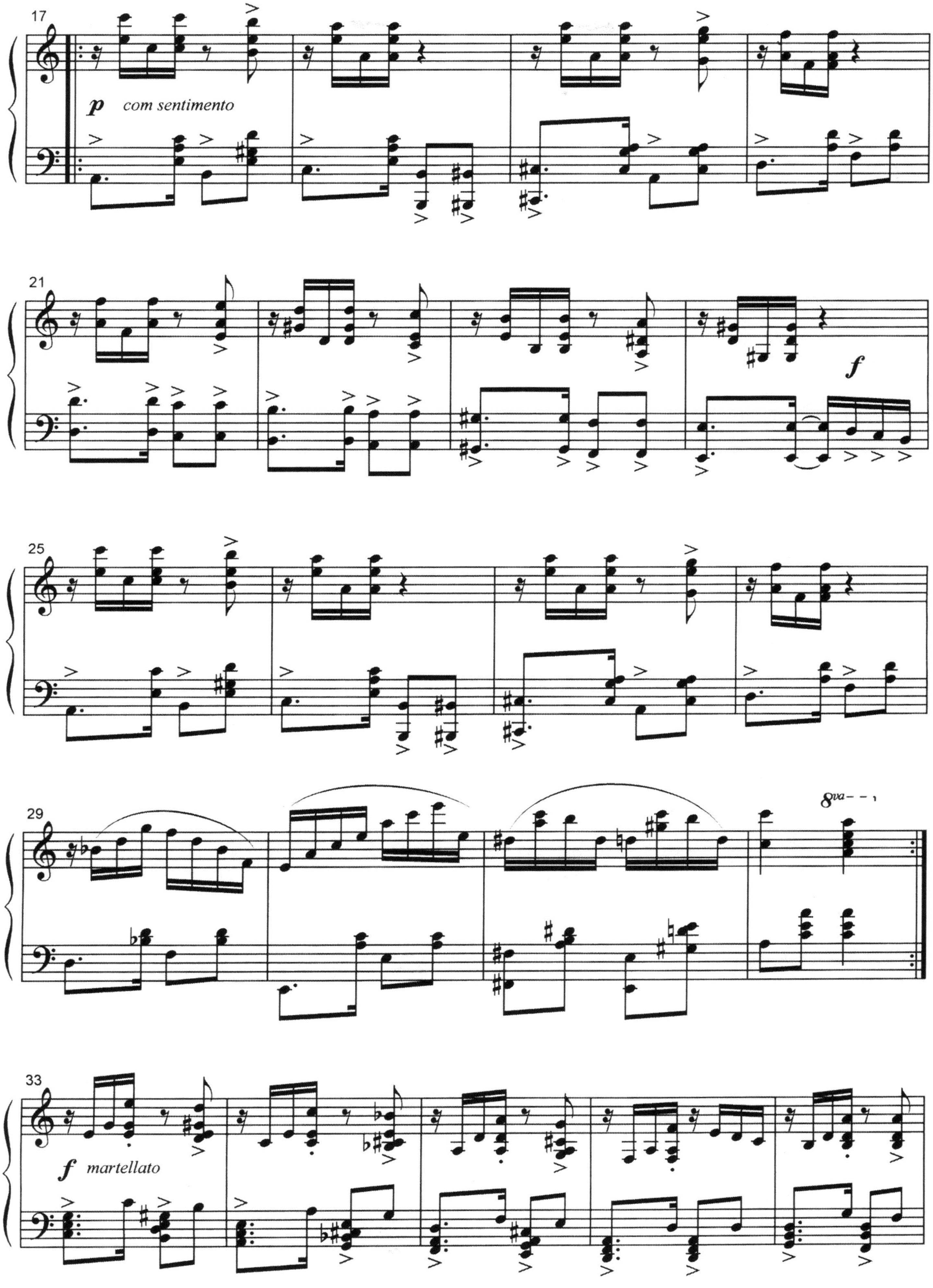
17
p com sentimento
21
f
25
29
8va
33
f martellato

70

ao amigo Edgar Xavier de Mattos

Expansiva

Valsa

Ernesto Nazareth

Tempo de Valsa (Moderato) ♩ = 60

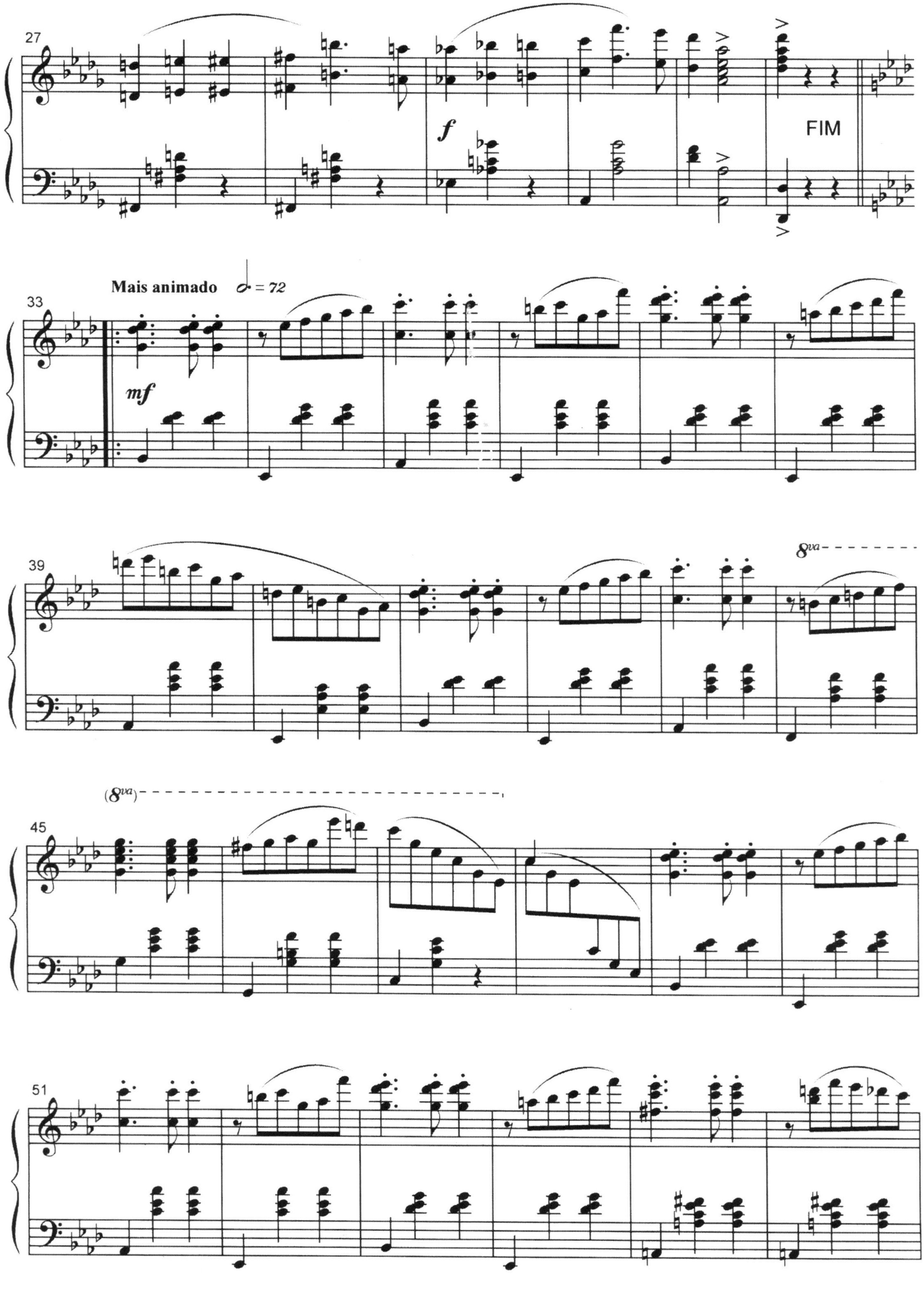
27
f
FIM
33
Mais animado
= 72
mf
39
8va
45
(8va)
51

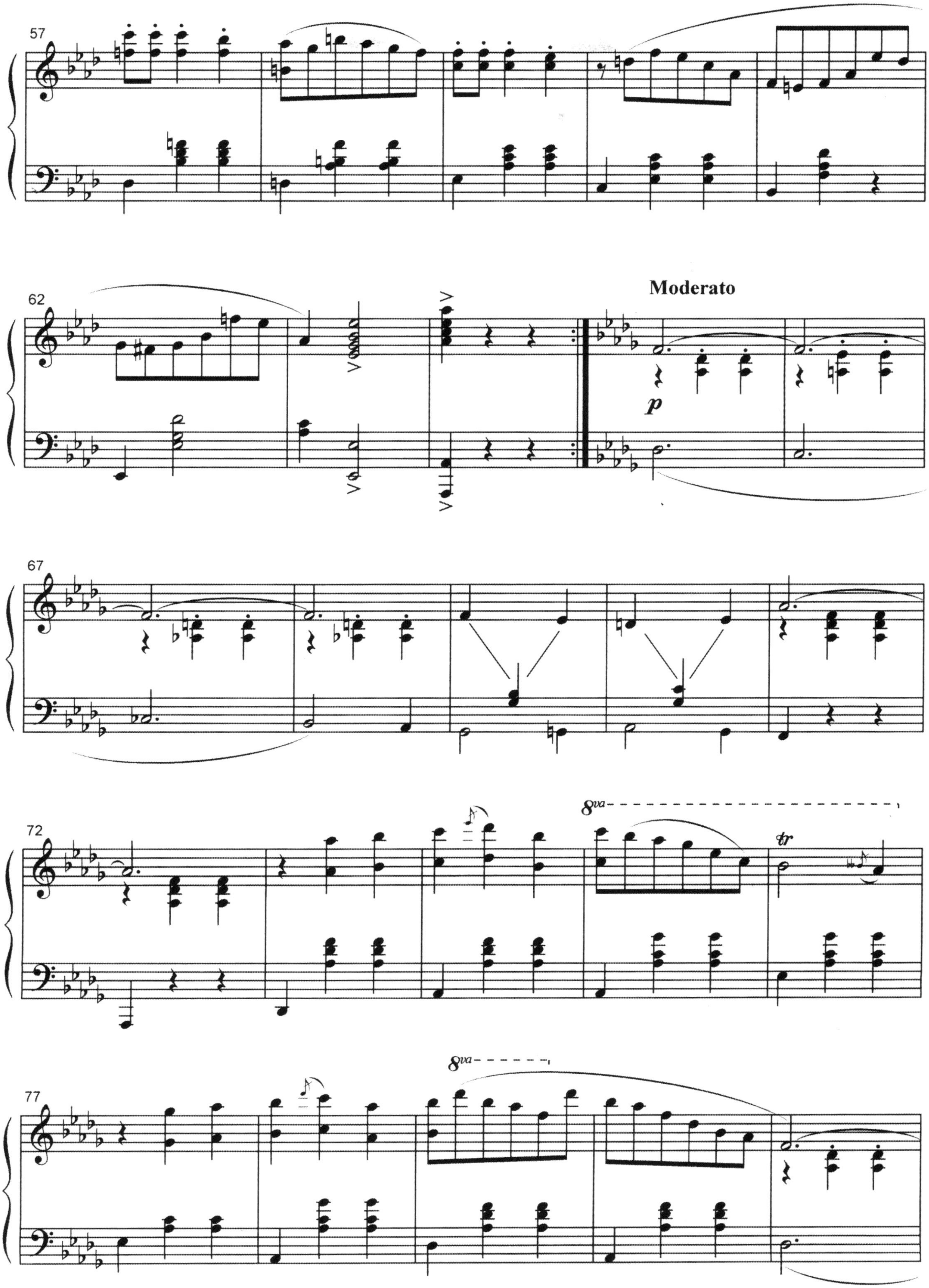
57
62
Moderato
p
67
72
8va
tr
77
8va

82
87
cresc.
92
f
97
bem ligado
pp
cresc. pouco a pouco
8va
cresc.
(8va)
102
mf

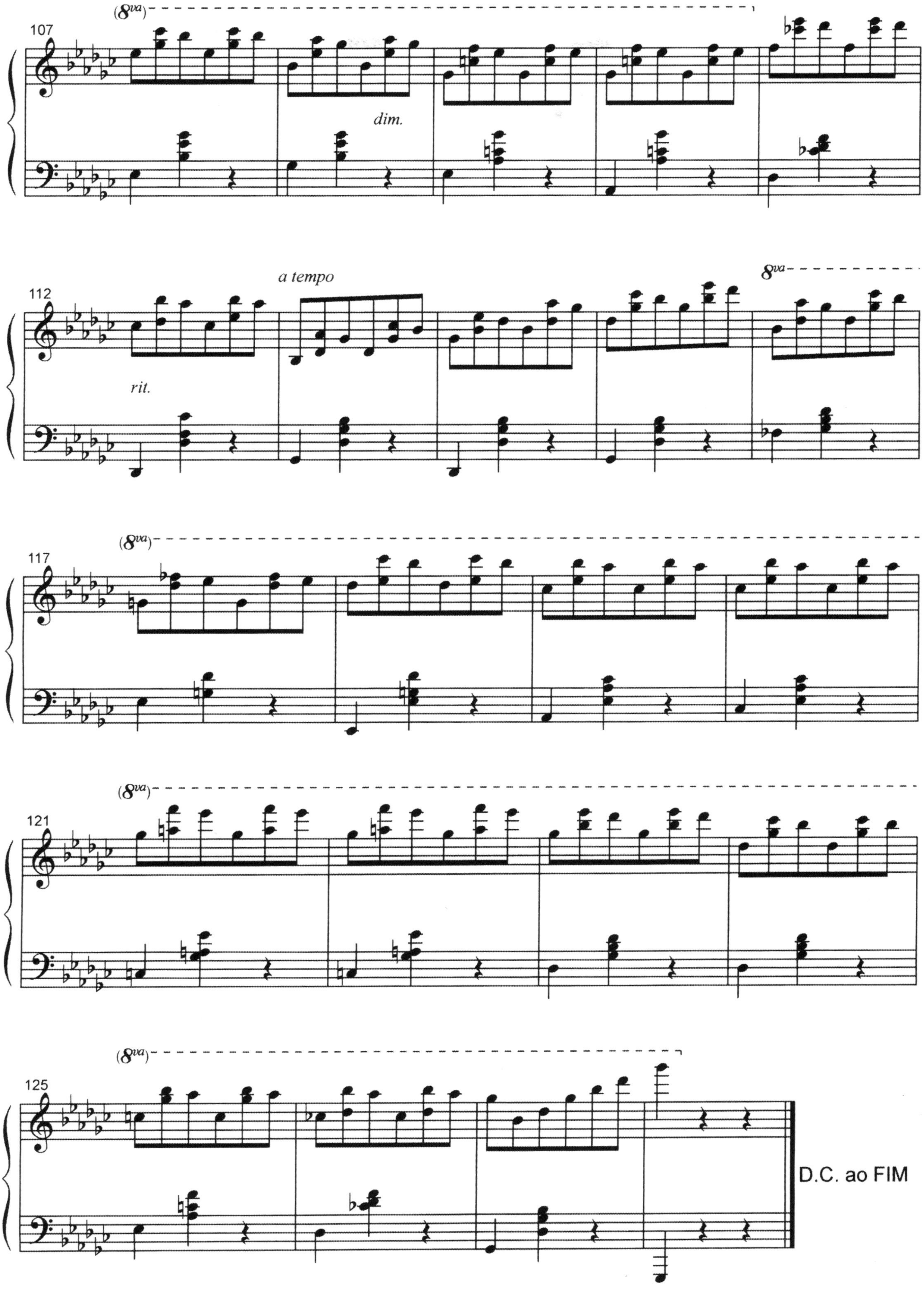
(8va)
107
dim.
112
a tempo
8va
rit.
117
121
125
D.C. ao FIM

dedicada ao prezado amigo Jacintho Silva

Faceira

Valsa
[póstuma]

Ernesto Nazareth

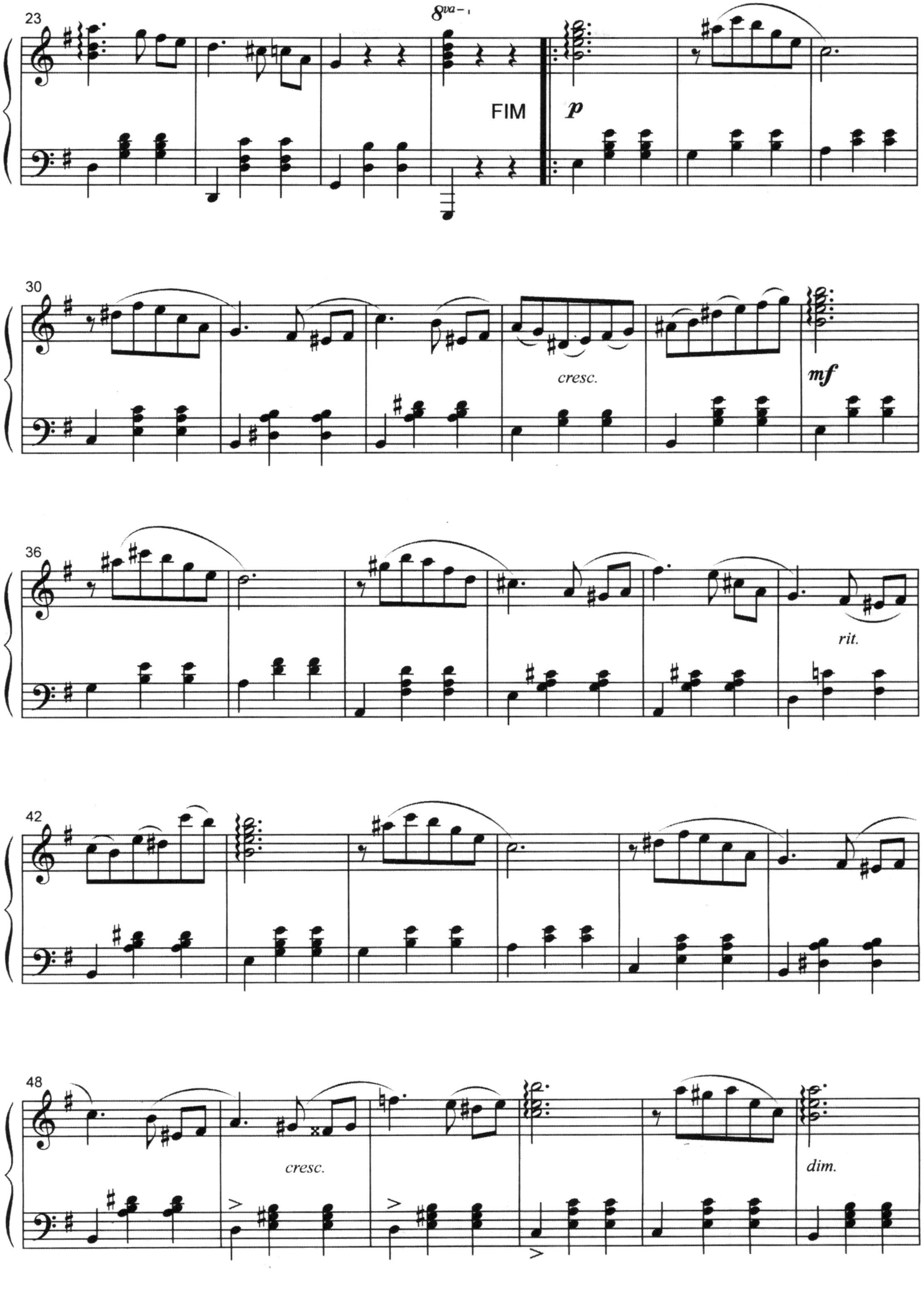
23
8va
FIM
p
30
cresc.
mf
36
rit.
42
48
cresc.
dim.

78

À Marietta Nazareth

Favorito

Tango

Ernesto Nazareth

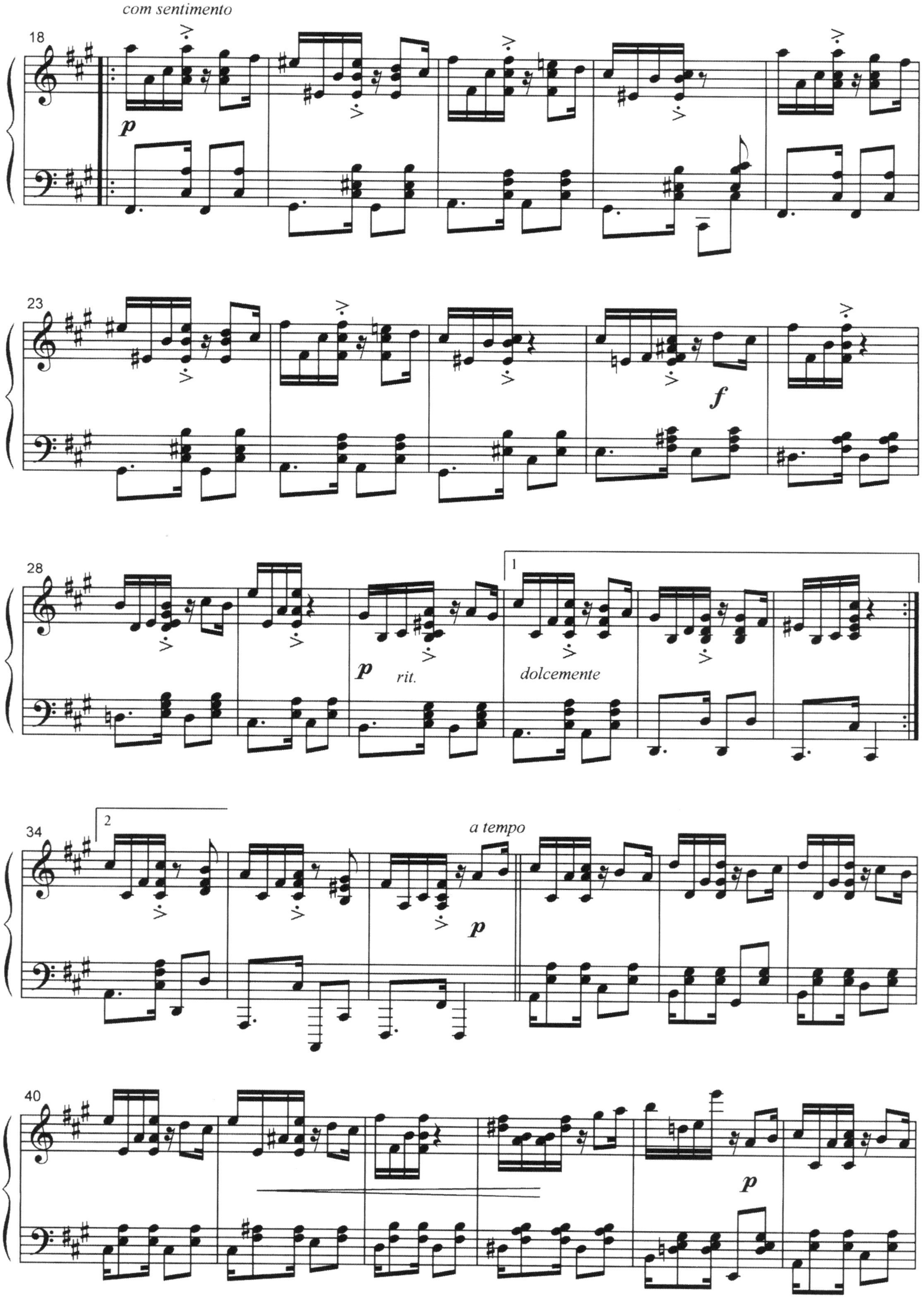
com sentimento
18
p
23
f
28
p
rit.
1
dolcemente
34
2
a tempo
p
40
p

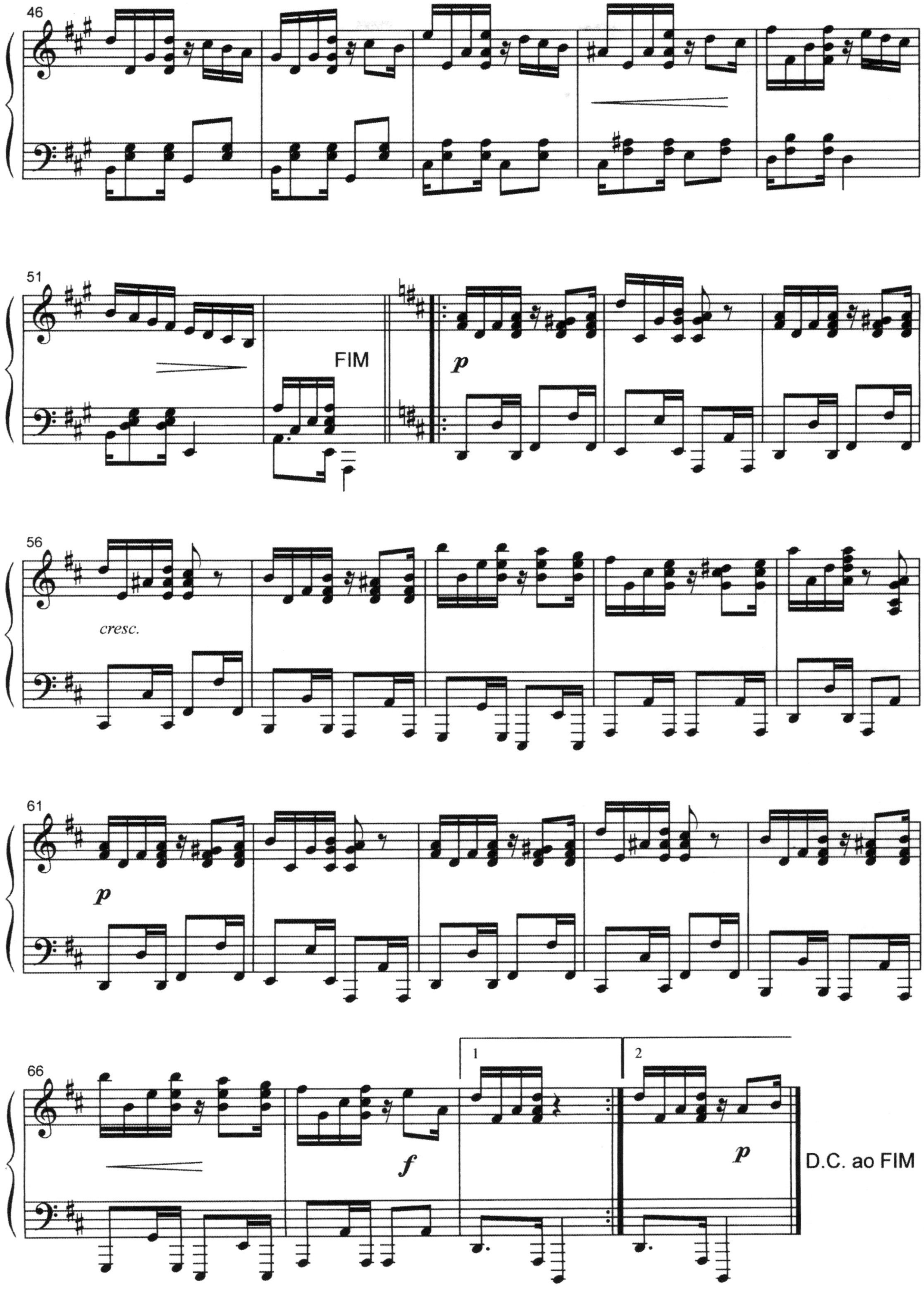
46
51
FIM
p
56
cresc.
61
p
66
f
1
2
p
D.C. ao FIM

ao meu amigo L. T. Campos

Feitiço

Tango

Ernesto Nazareth

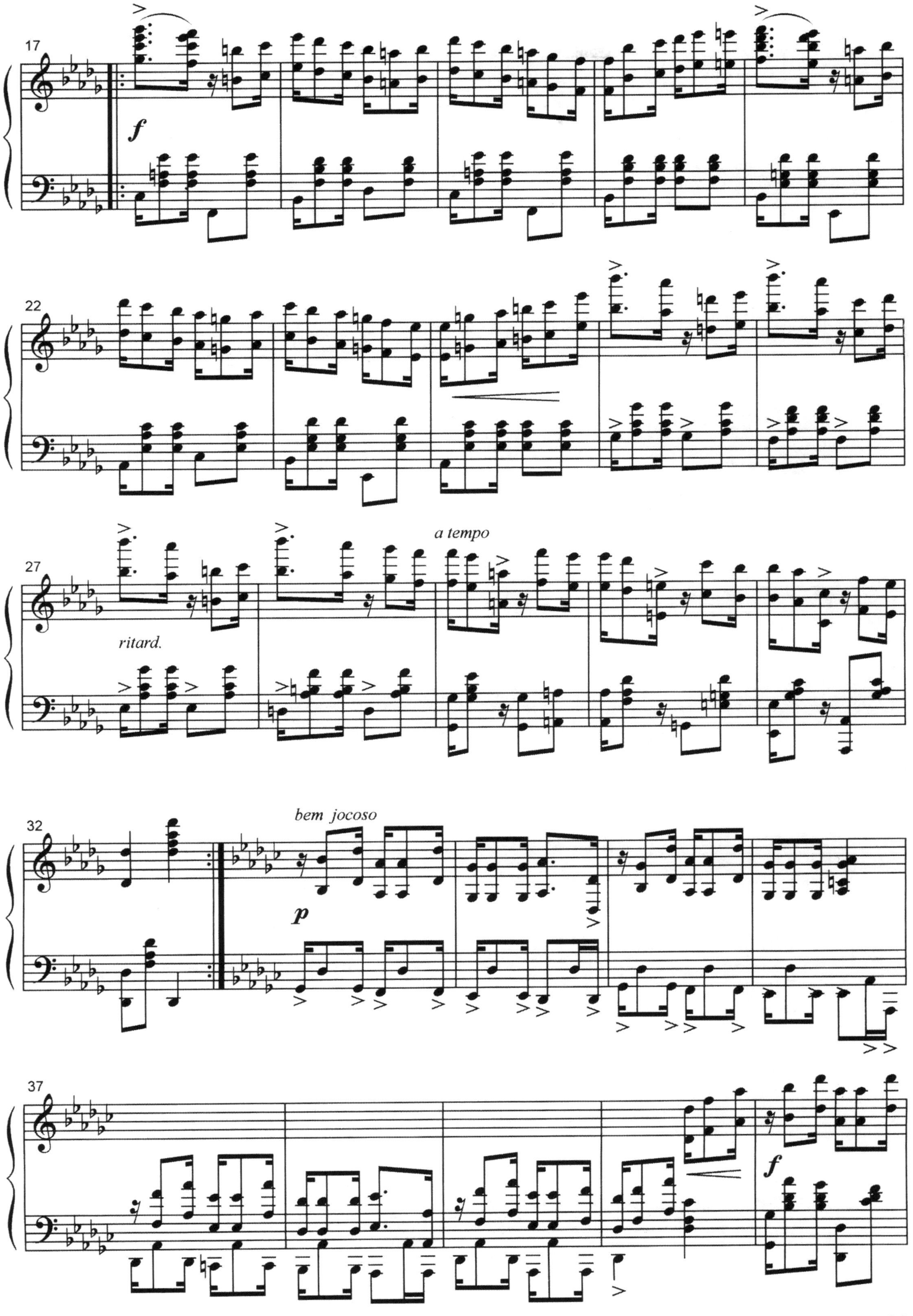
17
f
22
27
a tempo
ritard.
32
bem jocoso
p
37
f

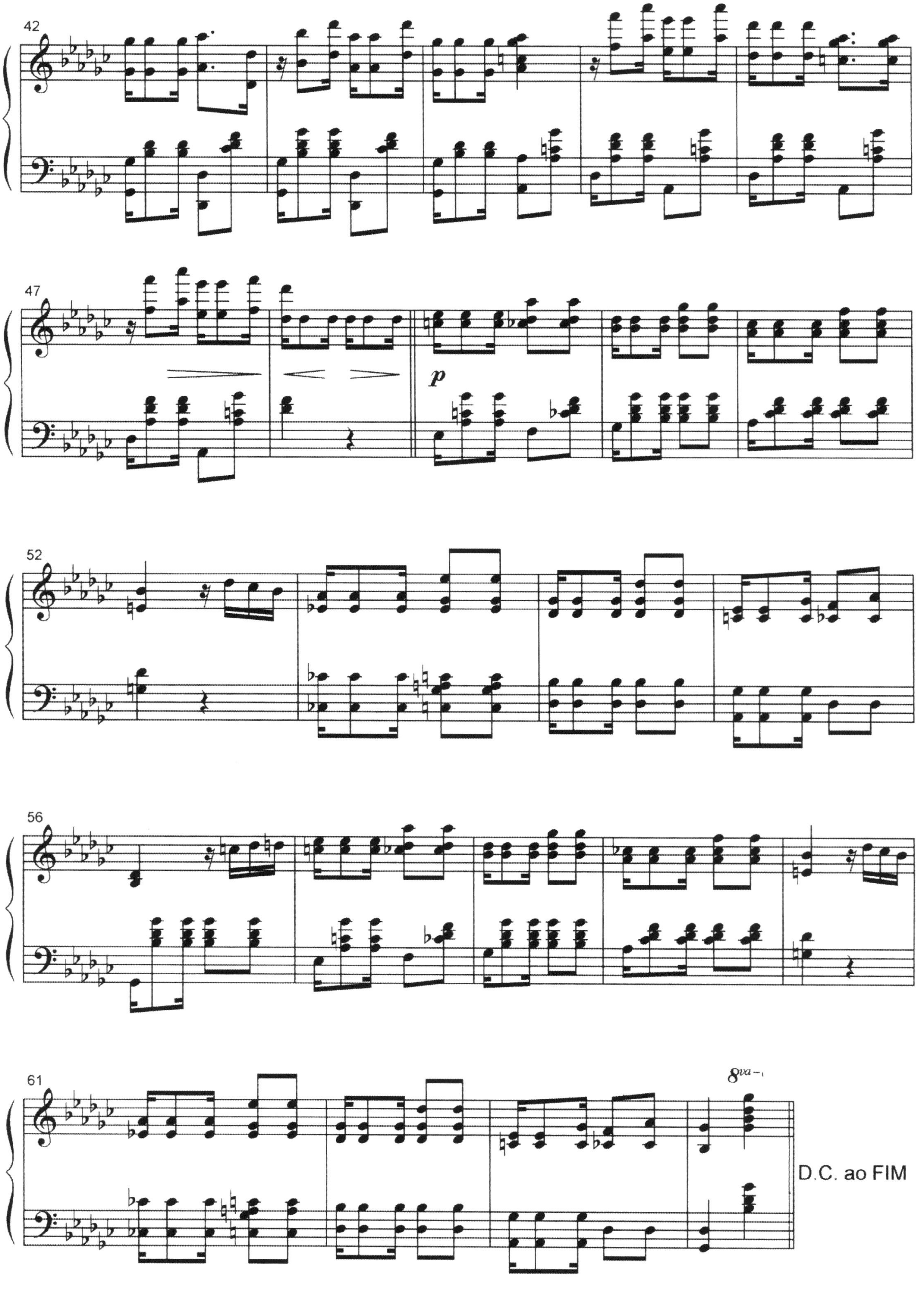
42
47
p
52
56
61
8va
D.C. ao FIM

Ao distinto amigo Mário Baptista Martins Barata

Fon-Fon

Tango

Ernesto Nazareth
1930

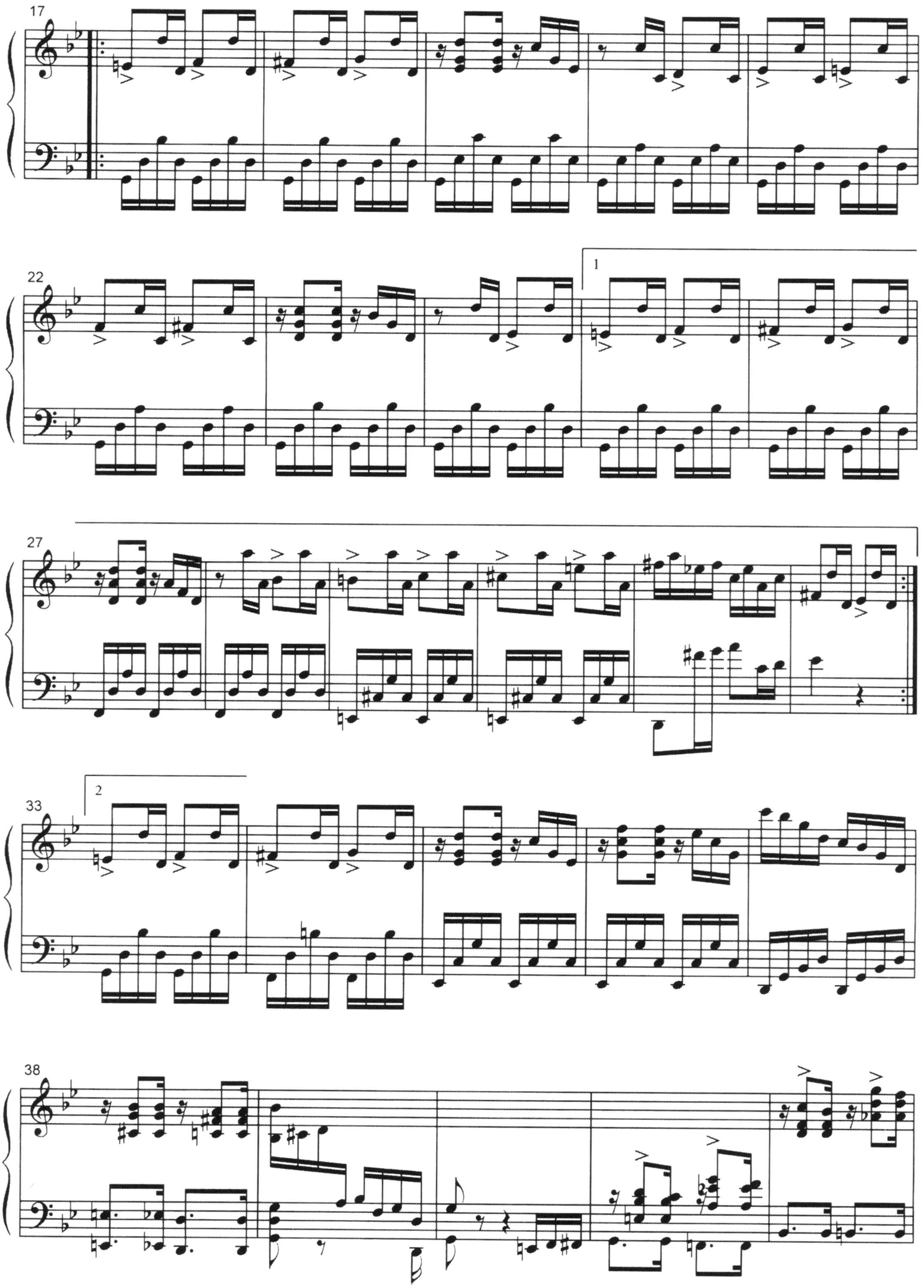
17
22
1
27
33
2
38

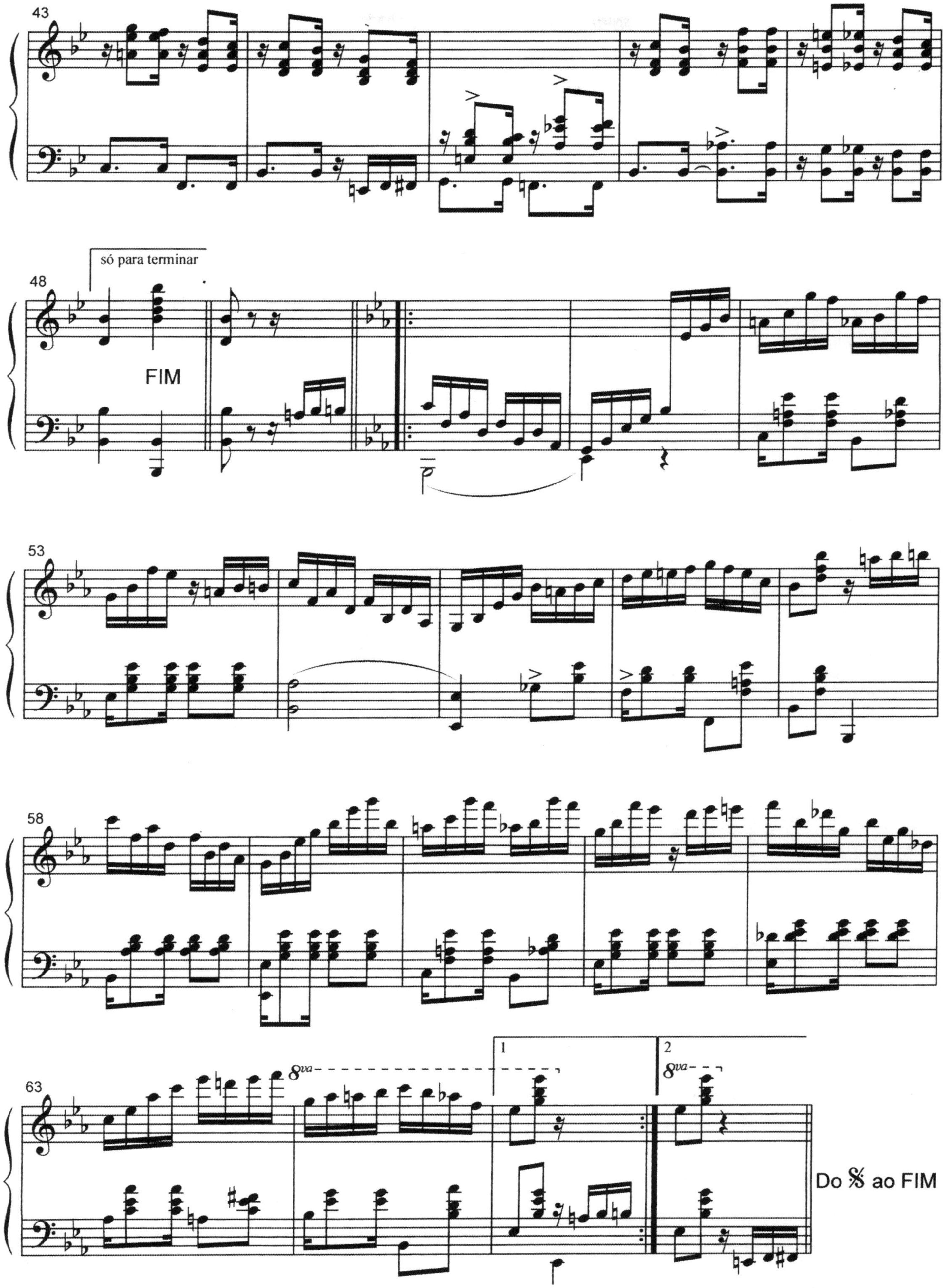
43
48
só para terminar
FIM
53
58
63
8va
1
2
Do 𝄋 ao FIM

Ao distinto amigo Arthur Napoleão

Garoto

Tango

Ernesto Nazareth
1916

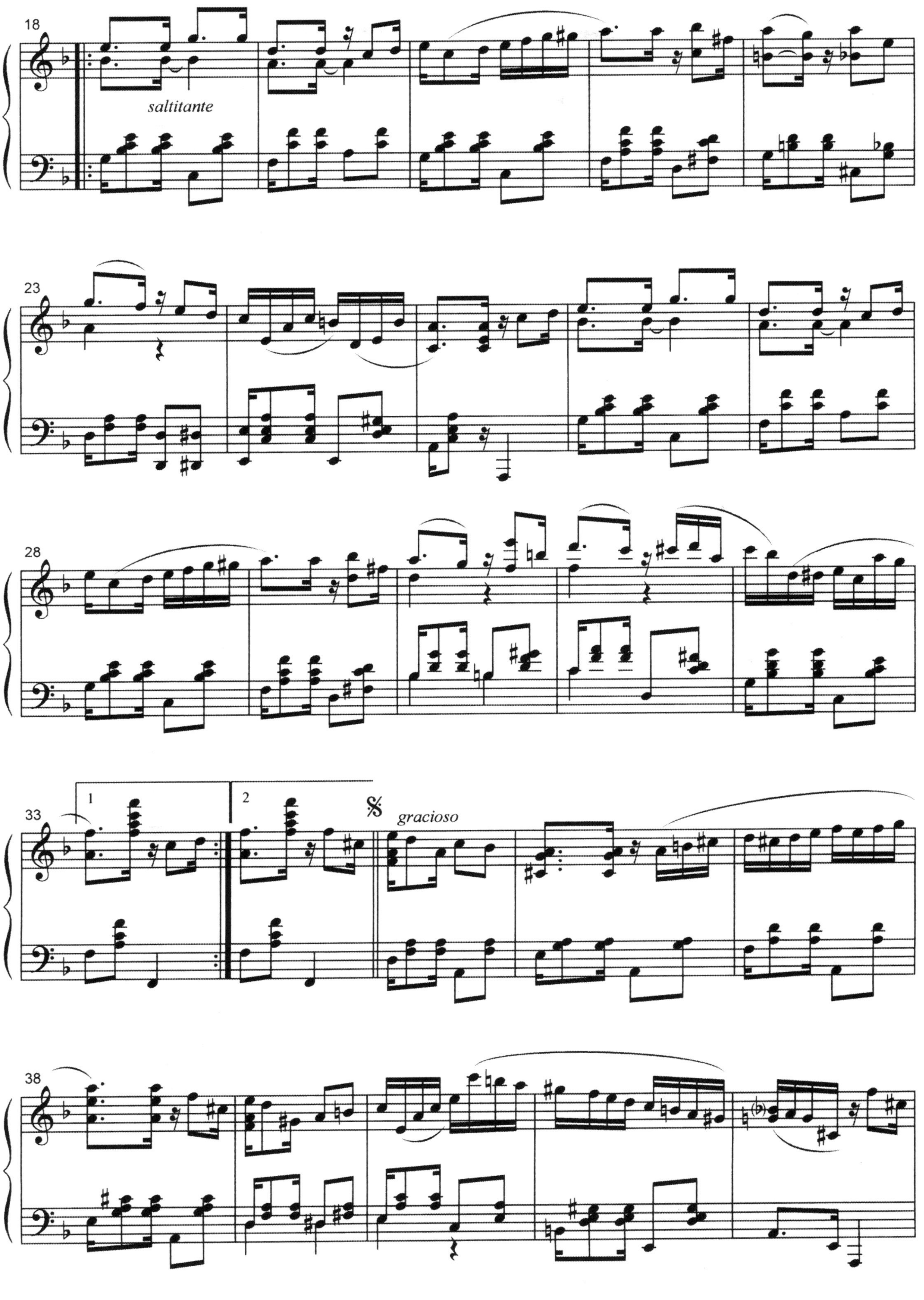
saltitante
gracioso

90

Ao meu amigo Orlando Pires de Moraes

Insuperável

Tango

Ernesto Nazareth
1919

23
animando
bem jocoso
29
com impeto
f
sec.
35
mf
8vb
41
cresc.
8va
f
FIM
48
misterioso
Trio
p

Do 𝄋 ao FIM

Ao amigo Pedro F. Dantas

Labirinto

Tango

Ernesto Nazareth
1917

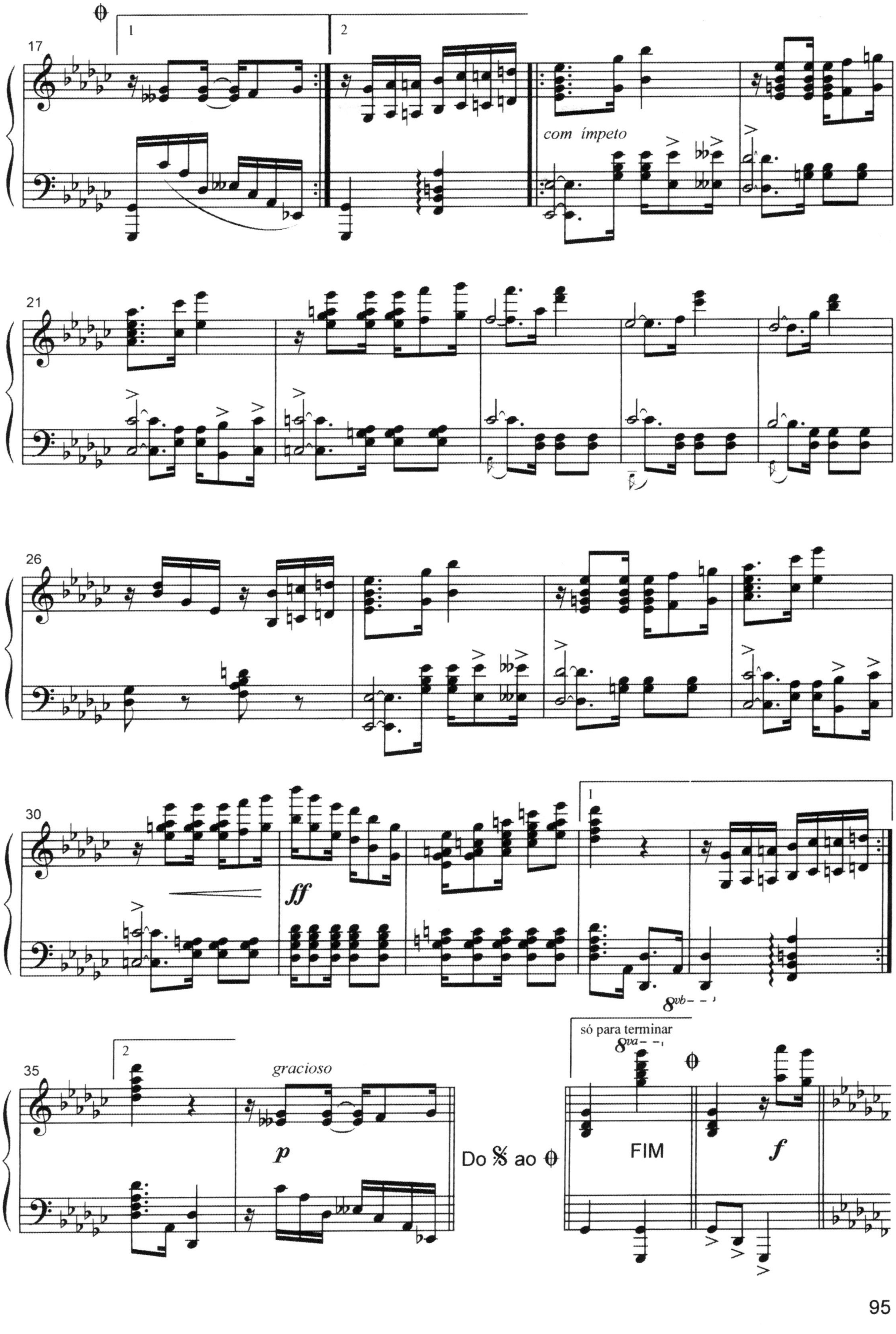
com ímpeto
ff
gracioso
p
Do 𝄋 ao 𝄌
só para terminar
FIM
f

Trio
39
scherzando
p
f
p
f
cresc.
42
46
f
scherzando
p
f
p
f
cresc. sempre
50
8va
8va
53
1
f
2
gracioso
p
Do 𝄋 ao 𝄌

Ao amigo Dr. Jovino Barral da Fonseca

Nenê

Tango

Ernesto Nazareth
1894

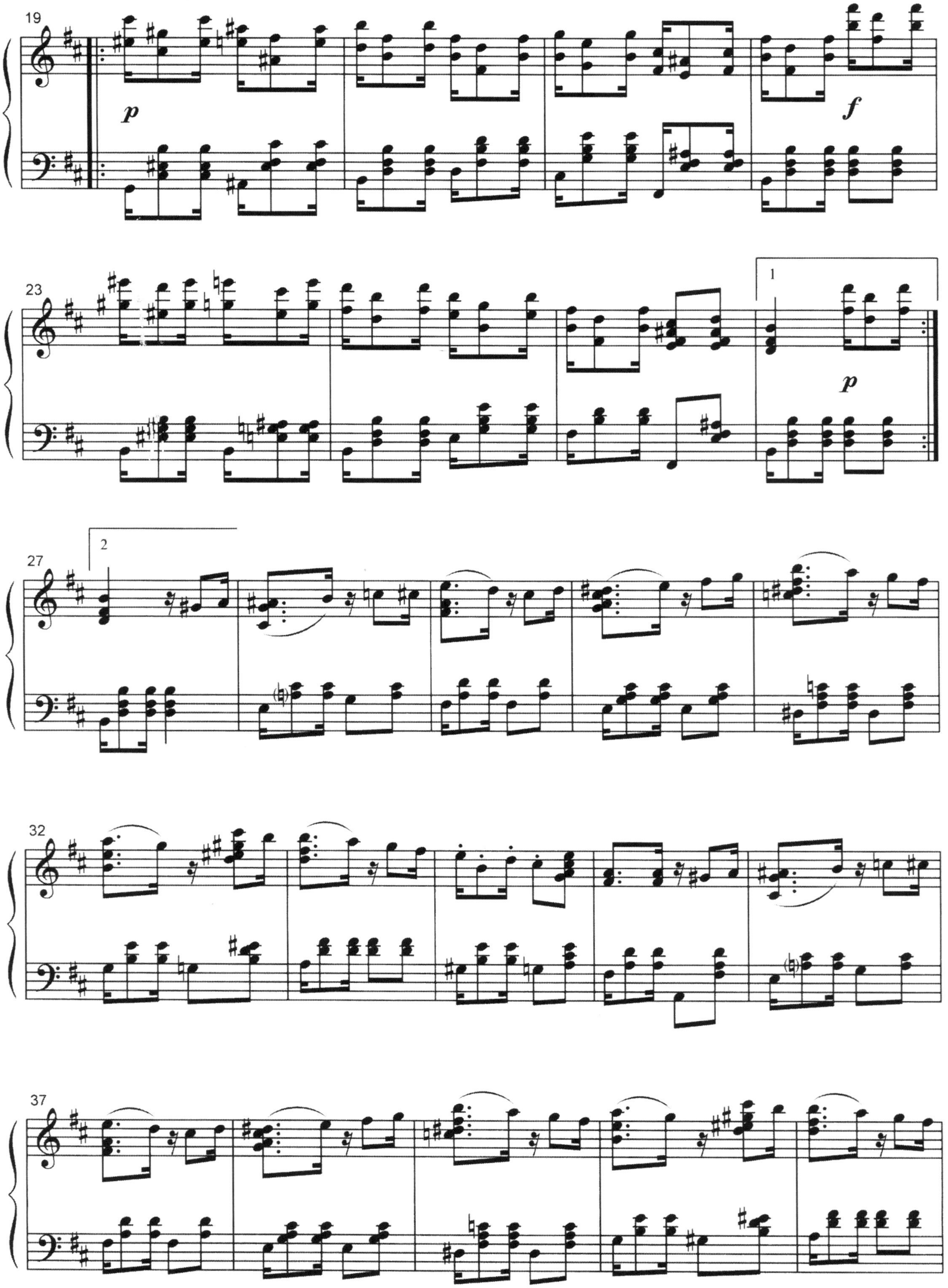
19
p
f
23
1
p
27
2
32
37

99

D.C. ao FIM

Dedicada a graciosa filhinha de meu amigo Silvares

Noêmia

Valsa

Ernesto Nazareth

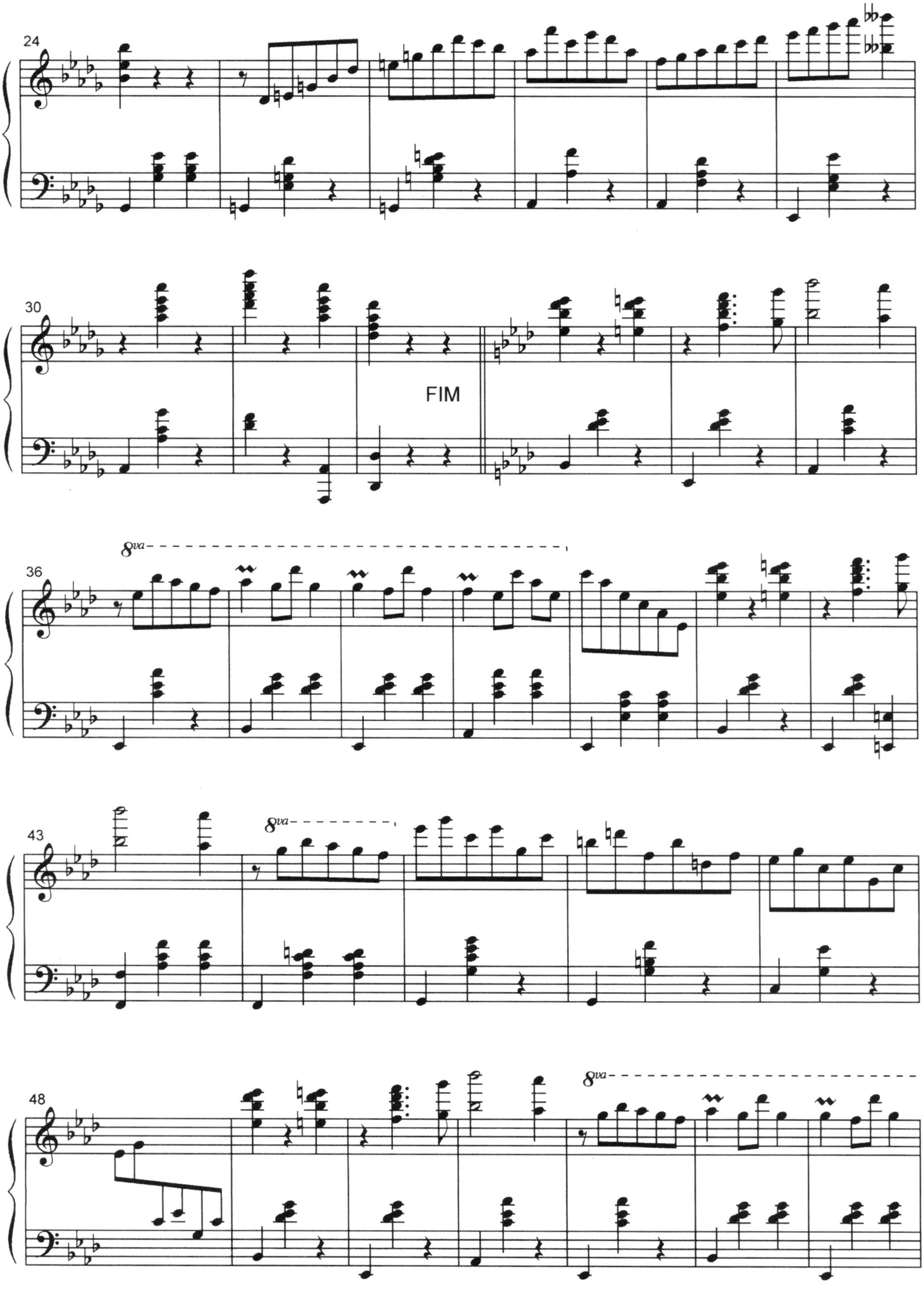
24
30
FIM
36
8va
43
8va
48
8va

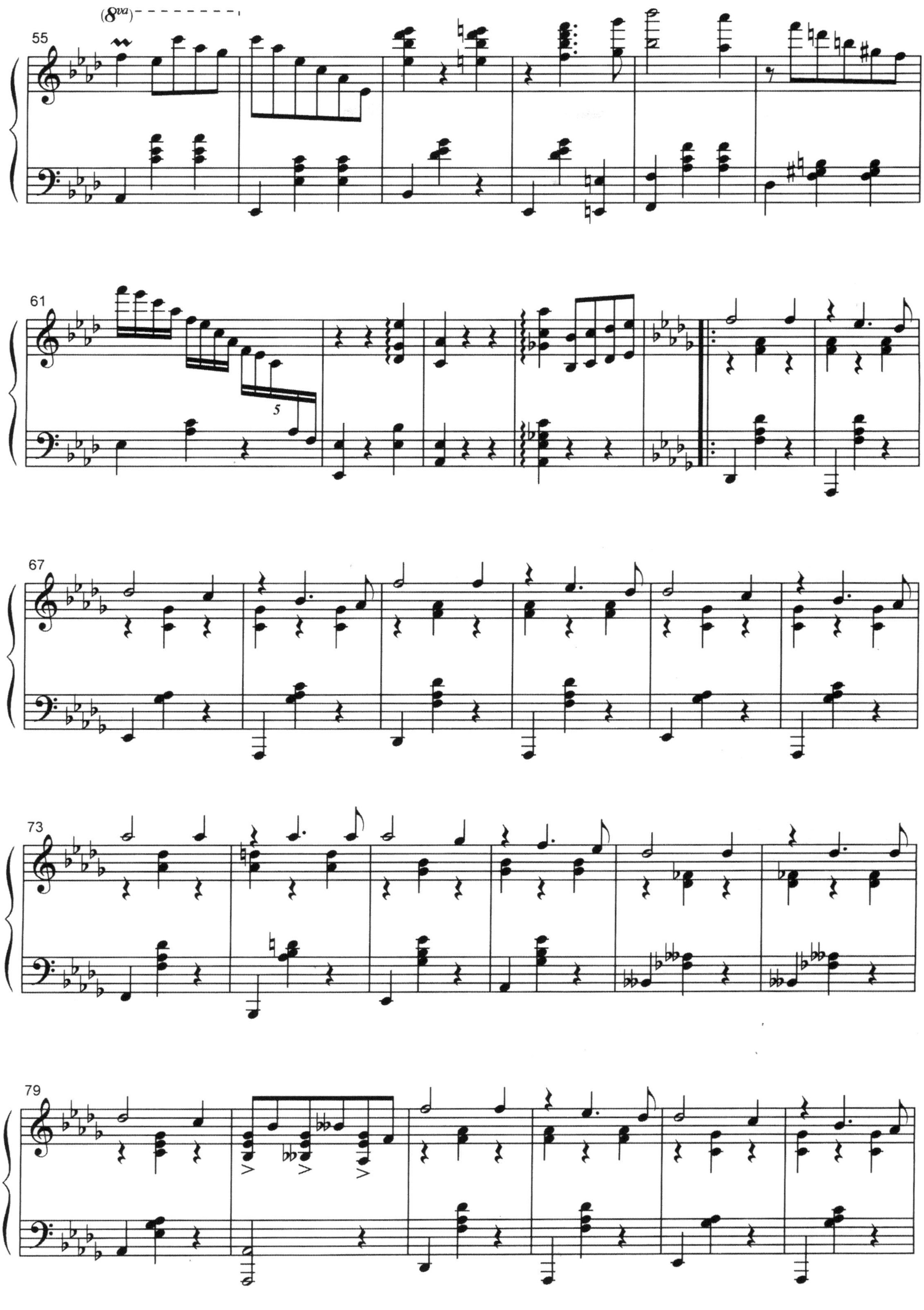
(8va)
55
61
5
67
73
79

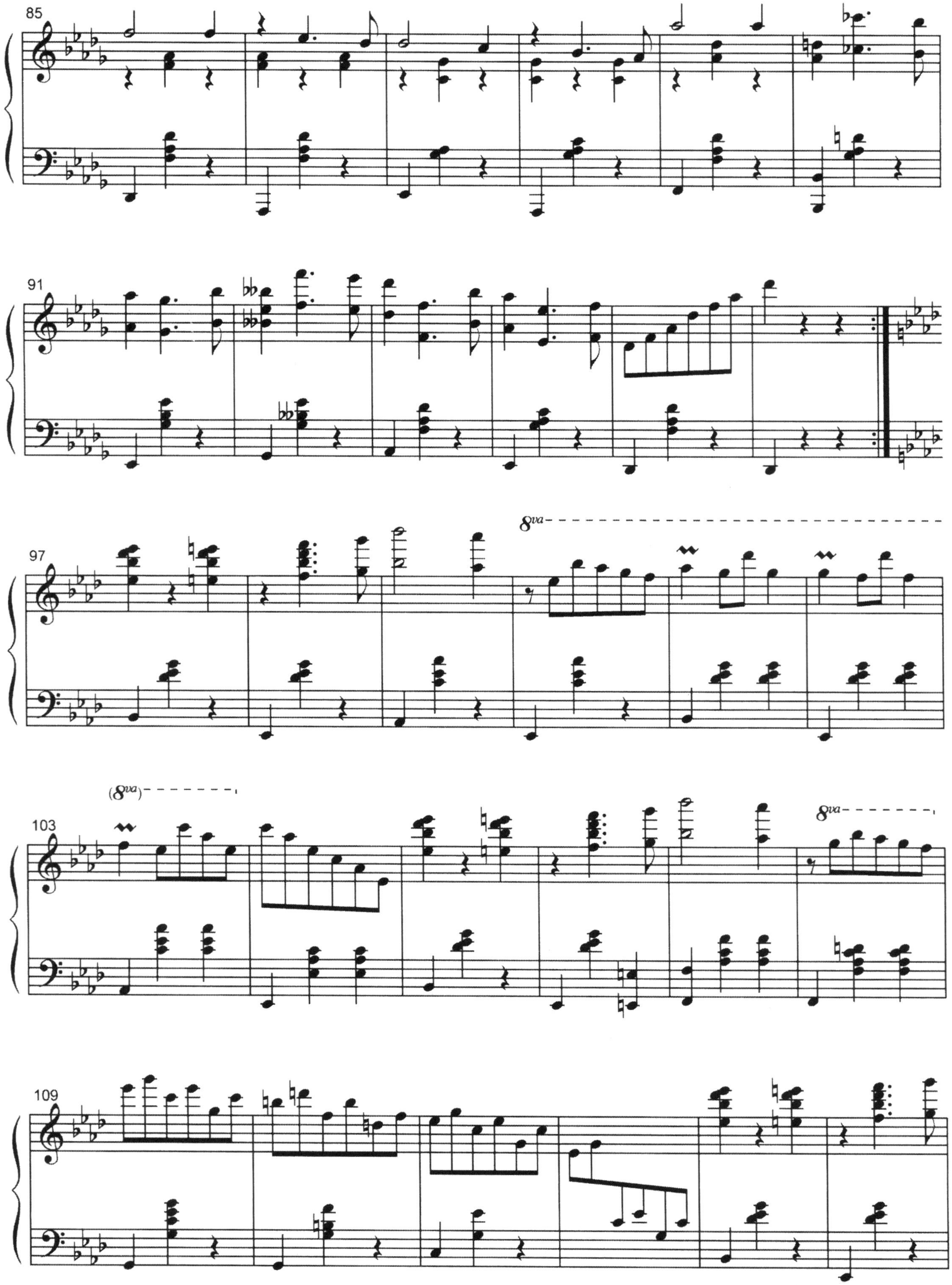
85
91
97
8va
103
(8va)
8va
109

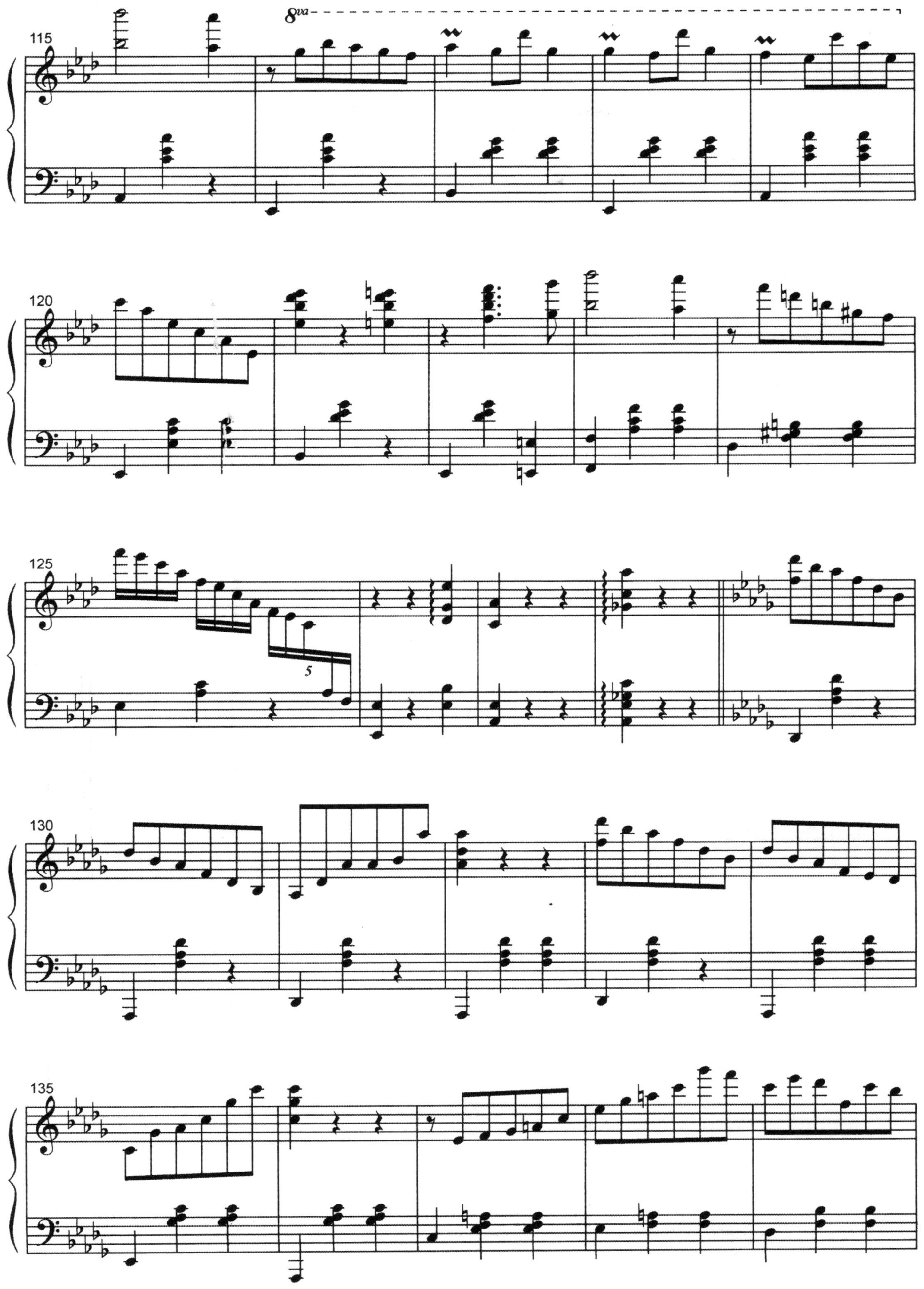
115
8va
120
125
5
130
135

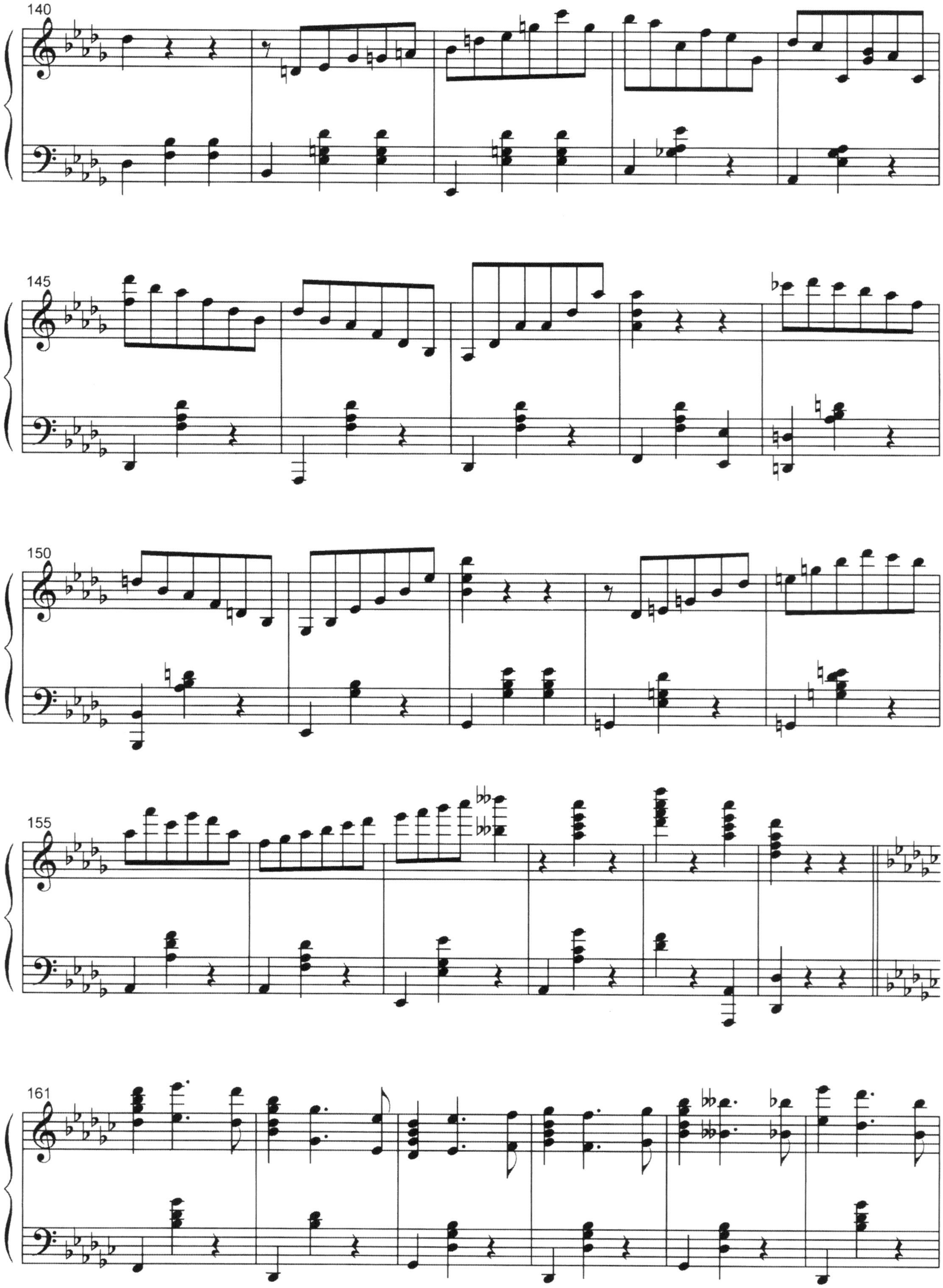
140
145
150
155
161

D.C. ao FIM

Ao amigo e grande artista Gaspar Magalhães

Nove de julho

Tango Argentino

Ernesto Nazareth
1917

109

Trio

Odeon

Tango Brasileiro

Ernesto Nazareth
1910

17
2
expressivo
FIM
f
sempre sec.
21
dim.
25
expressivo
f
sempre sec.
29
dim.
33
1
2
f
mf
Do 𝄋 ao 𝄌
𝄌
segue Trio
ff

36
Trio
ff
com brilho
menos
ff
40
mimoso
44
48
1
a tempo
f
rit.
ff
52
2
8va
mf
Do 𝄋 ao FIM

ao meu amigo Lino J. Barbosa

Perigoso

Tango

Ernesto Nazareth

17
2
Só para acabar
mf
FIM
cresc. sempre
21
25
29
8va
ff
33
(8va)
1
2 8va
mf
p
Do 𝄋 ao 𝄌
f

Do 𝄋 ao FIM

ao meu cunhado e amigo, o ilustríssimo Dr. Meirelles filho

Remando

Tango

Ernesto Nazareth

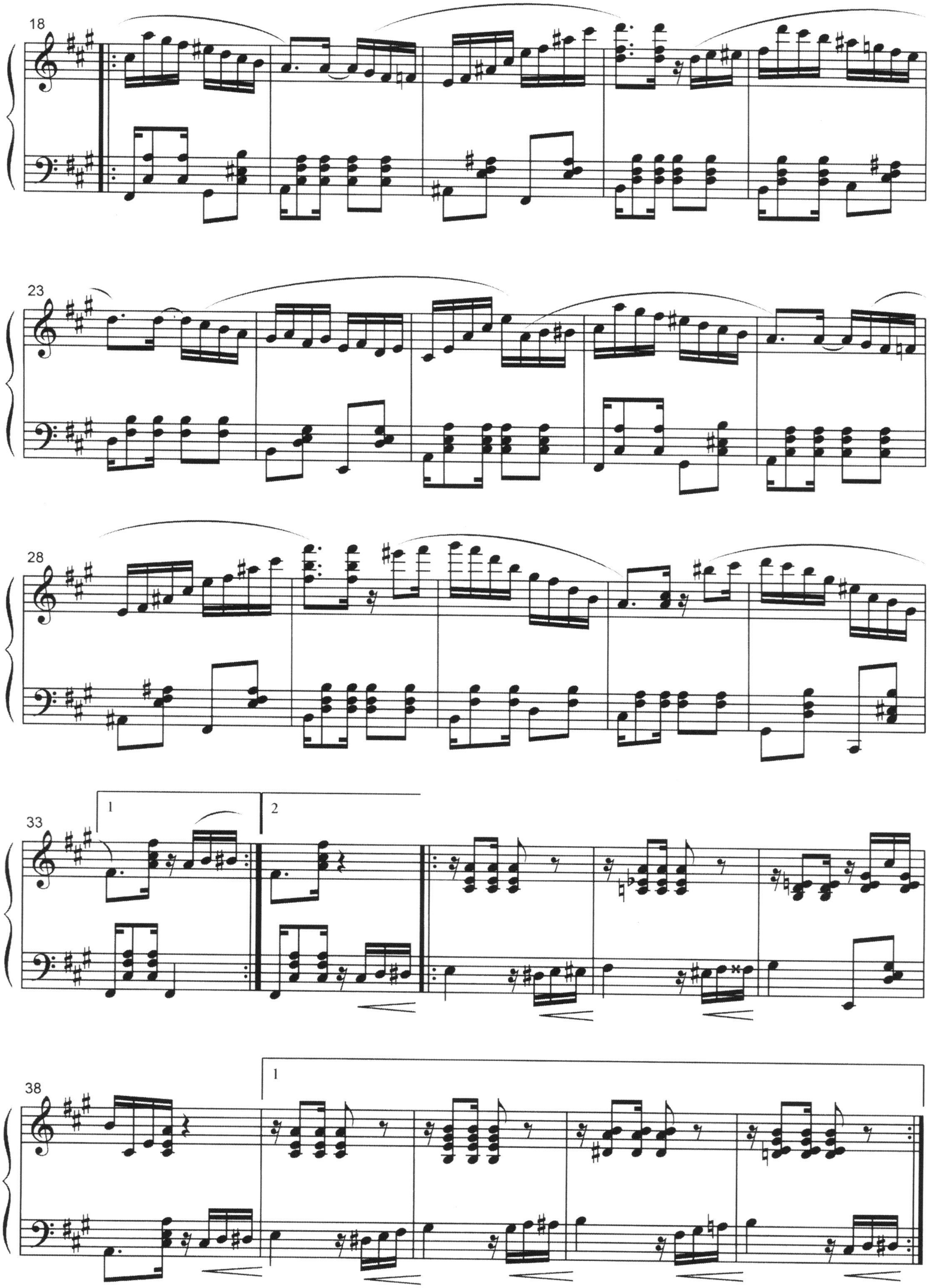
18
23
28
33
1
2
38
1

FIM

Do 𝄋 ao FIM